SCIENCES

LES CARNETS DE RÉSUMÉS

par un
GROUPE D'INSTITUTEURS
de la Circonscription de Commercy
(LISTE DÉPARTEMENTALE DE LA MEUSE — MENTION A LA CONFÉRENCE DE LA COTE-D'OR)

LEÇONS
se
RAPPORTANT A L'ÉDUCATION SOCIALE
comprenant
LA MORALE
L'INSTRUCTION CIVIQUE
LES CIVILITÉS
L'ANTIALCOOLISME
LES PRINCIPES DE 1789
(6e Edition)

PRIX : 0 fr. 60

LEÇONS
de
SCIENCES PHYSIQUES & NATURELLES
avec leur application
A L'AGRICULTURE
A L'INDUSTRIE
A L'HYGIÈNE
A L'ÉCONOMIE DOMESTIQUE
(1re Edition)

PRIX : 0 fr. 75

TRAVAIL
PLUS PERSONNEL
PLUS FACILE
PLUS RAPIDE
DU MAITRE
ET DE
L'ÉLÈVE

COMMODITÉ

ÉCONOMIE

MAITRES
FAITES VOUS-MÊMES
VOS LIVRES

COMMERCY
IMPRIMERIE H. BRESARD
1911

1re Edition.

CARNET

de

RÉSUMÉS

de

Leçons de Sciences physiques et naturelles

AVEC LEURS APPLICATIONS

à l'Hygiène, à l'Agriculture,

à l'Industrie et à l'Économie Domestique

PAR

UN GROUPE D'INSTITUTEURS

de la Circonscription de Commercy (Meuse)

COMMERCY

IMPRIMERIE H. BRESARD

1911

Table des Matières

TRIMESTRE D'AUTOMNE

(Octobre, Novembre, Décembre)

Leçons		Pages
1.	Les 3 règnes de la nature..	3
2.	Les corps....................	4
3.	La pesanteur.............	5
4.	Leviers et balances.........	6
5.	L'air	8
6.	La pression atmosphérique.	9
7.	Les pompes, le siphon.....	10
8.	L'oxygène et ses composés.	12
9.	L'azote et ses composés....	13
10.	L'eau et l'hydrogène......	14
11.	Usages de l'eau...........	15
12.	Pesanteur des liquides.....	16
13.	La combustion	18
14.	Charbons naturels..........	19
15.	Charbons artificiels........	20
16.	Composés du charbon......	21
17.	Le chauffage..............	22
18.	La chaleur................	23
19.	La dilatation..............	24
20.	Changements d'état.......	26
21.	La lumière	28
22.	L'éclairage................	30
23.	Le soufre..................	32
24.	Le phosphore..............	33
25.	Le chlore..................	34
26.	La potasse, la soude.......	35
27.	La chaux, le plâtre........	36
28.	L'argile, les poteries......	37
29.	Le sable, le verre.........	38
30.	Les métaux................	39
31	Le fer......................	40
32.	Autres métaux, alliages...	42

Travaux exécutés au Jardin

Donner aux abeilles leur provision pour l'hiver ; garnir la ruche de paillassons.

Creuser à l'avance les fosses pour la plantation et la transplantation des arbres en novembre.

Tailler les arbres fruitiers à pépins en commençant par les moins vigoureux.

Promenades

Dans le cours de l'année. — Visiter un four à chaux, un moulin, une huilerie, une féculerie, une sucrerie, une distillerie, une fromagerie, une brasserie, une filature, une usine métallurgique, ...en général tout établissement industriel situé dans les environs.

1re Promenade. — Récolte du raisin, des pommes de terre, des betteraves : se rendre compte des opérations principales ; — examiner la construction d'un silo. — Observer les nuages, leur forme, leur direction. — S'orienter et reconnaître la direction du vent.

2e Promenade. — Constater dans la prairie les parties susceptibles d'être irriguées ou qui demanderaient à être drainées ; — le pâturage dans la prairie ; — visiter les sources, les fossés et constater la présence ou l'absence du cresson.

3e Promenade. — Visite à une ferme : disposition de l'écurie, de l'étable, de la porcherie, de la bergerie, du poulailler, du clapier, du rucher, de la laiterie ; s'assurer si les animaux ont suffisamment d'espace, si l'aération est bien comprise, si le fumier est bien soigné et le purin recueilli.

Table des Matières (*Suite*)

TRIMESTRE D'HIVER

(Janvier, Février, Mars)

Leçons		Pages	Leçons		Pages
33.	La digestion	45	52.	Les batraciens	69
34.	Hygiène de la digestion	46	53.	Les poissons	70
35.	La circulation	48	54.	Les insectes	71
36.	Hygiène de la circulation	50	55.	Insectes utiles	72
37.	La respiration	51	56.	Insectes nuisibles	73
38.	Hygiène de la respiration	52	57.	Autres articulés	74
39.	Le squelette et les muscles	54	58.	Les vers	75
40.	Hygiène du squelette	56	59.	Les mollusques	76
41.	Le système nerveux et son hygiène	57	60.	Rayonnés, protozoaires	77
42.	La vue	58	61.	Animaux domestiques	78
43.	L'ouïe	59	62.	Alimentation des animaux domestiques	79
44.	Le son et la parole	60	63.	Hygiène des animaux domestiques	80
45.	Le goût, l'odorat, le toucher	62	64.	Le cheval	81
46.	Division des animaux	63	65.	Le bœuf	82
47.	Les mammifères	64	66.	Le lait	83
48.	Les mammifères (suite)	65	67.	Le mouton	84
49.	Les oiseaux	66	68.	Le porc	85
50.	Classification des oiseaux	67	69.	La basse-cour	86
51.	Les reptiles	68			

Travaux exécutés au Jardin

Donner de la nourriture aux abeilles si elles en manquent.

Enterrer au pied d'un mur, au nord, les greffons qui seront utilisés en mars-avril.

Enlever les mousses, les lichens, le gui, le bois mort sur les arbres et les chauler.

Epandre les engrais phosphatés et potassiques et mettre en train les cultures démonstratives.

Tailler la vigne ; faire des boutures et des marcottes.

Continuer la taille des arbres fruitiers à l'exception du pêcher et des poi poussant trop à bois.

Commencer à greffer les arbres de la pépinière.

Semer des graines à différentes profondeurs et en suivre le développement.

Promenades

1re Promenade — Visiter une carrière, une tranchée, pour examiner la nature et la disposition du sol et des couches du sous-sol ; — recueillir des échantillons pour le musée.

2e Promenade. — Reconnaître les différents sols de la contrée, le[illegible] amendements qu'ils réclament, les engrais qui leur conviennent ; — recueillir des échantillons de chaque nature de sol, et en former une collection à compléter ensuite par les plantes caractéristiques qui y poussent spontanément.

3e Promenade. — Examiner les instruments agricoles ; étudier leurs organes, remarquer leur travail ; observer comment la terre, découpée horizontalement et verticalement par la charrue, se trouve retournée par bandes.

Table des Matières (*Suite*)

TRIMESTRES DE PRINTEMPS ET D'ÉTÉ

(Avril, Mai, Juin, Juillet)

Leçons		Pages
70.	L'écorce terrestre	89
71.	Roches ignées	90
72.	Roches sédimentaires	91
73.	Phénomènes actuels	92
74.	Le sol	94
75.	Connaissance des terrains	95
76.	Amendements, stimulants	96
77.	Façons du sol : labours	97
78.	Autres façons	98
79.	Eléments des plantes	99
80.	Les engrais	100
81.	Le fumier	101
82.	Engrais végétaux et animaux	102
83.	Engrais complémentaires	103
84.	Assolement	104
85.	Reproduction des végétaux	105
86.	Reproduction des arbres	106
87.	Le greffage	107
88.	Taille des arbres	108
89.	Le jardin	109
90.	La germination	110
91.	La racine	111
92.	La tige	112
93.	La feuille	113
94.	La fleur	114
95.	Le fruit	115
96.	Les dicotylédones	116
97.	Les monocotylédones	117
98.	Les acotylédones	118
99.	Microbes et maladies contagieuses	119
100.	Plantes sarclées	120
101.	Prairies naturelles	121
102.	Prairies artificielles	122
103.	Céréales	124
104.	Farine, pain, pâtes alimentaires	125
105.	Plantes industrielles	126
106.	Fabrication des étoffes	127
107.	La vigne	128
108.	Boissons fermentées et distillées	129
109.	La forêt	130

COMPLÉMENTS

Leçons		Pages
110.	L'électricité	132
111.	Le courant électrique	133
112.	Les aimants	134

Economie Domestique

Leçons		Pages
113.	Entretien de la maison	137
114.	Entretien des meubles	138
115.	Entretien de la cuisine	139
116.	Blanchissage du linge	140
117.	Entretien du linge	141
118.	Les approvisionnements	142
119.	Les conserves	143
120.	Notions de cuisine	144
121.	Soins aux malades	145
122.	Puériculture	146

Travaux exécutés au Jardin

Terminer la taille des poiriers réservés, des pêchers, des arbres à noyau.

Echenillage des arbres et plus tard hannetonnage.

Greffes diverses.

Ebourgeonnement et pincement des arbres ; éclaircissement des fruits s'ils sont trop nombreux.

Sulfatages et soufrages de la vigne en mai, juin et juillet.

Traiter les arbres atteints du puceron avec une dissolution de lysol.

Répandre le nitrate au fur et à mesure du besoin des plantes.

Sarclages, binages, buttages, arrosages.

Ecussonnage à œil dormant.

Récolte du miel.

Promenades

Pendant toutes les promenades. — Herborisation et approvisionnement de plantes médicinales. — Collection d'insectes ; apprendre à reconnaître ceux qui sont utiles et ceux qui sont nuisibles.

1re Promenade. — Arpentage de terrains de différentes formes : usage des jalons, de la chaîne et de l'équerre d'arpenteur.

2e Promenade. — Excursion dans la forêt ; reconnaître les principales essences, distinguer le taillis de la futaie. — Se rendre dans une coupe en exploitation : cuber des arbres ; — distinguer les différentes parties du tronc, trouver l'âge d'un arbre ; — mesurer la hauteur d'un arbre au moyen de son ombre. — Visiter un fourneau si on fabrique du charbon de bois dans la forêt. — Produire un écho si c'est possible.

3e Promenade. — Arracher diverses plantes avec précaution pour remarquer les poils absorbants ; les examiner en particulier sur le chiendent qui pousse dans les interstices des mottes des champs labourés. — Étudier sur diverses plantes les particularités que présentent leurs organes principaux. — Examiner un épi : montrer les étamines et le pistil.

4e Promenade. — Examiner l'état des prairies ; déterminer les plantes utiles et nuisibles qui s'y trouvent ; juger si la fenaison a lieu trop tôt ou trop tard ; rendre compte de ses diverses opérations ; constater la bonne ou la mauvaise odeur du foin.

5e Promenade. — Observer dans les seigles et dans les premiers blés qui mûrissent la marche de la résorption des feuilles du bas à celles du sommet de la tige. — Examiner un épi pour constater la consistance du grain et déterminer l'époque probable de la moisson. Reconnaître quelques plantes nuisibles aux céréales : chardon, coquelicot, bluet, nielle, mélampyre, mélilot, sénevé. — Remarquer si le seigle est ergoté, si le blé est atteint de la rouille ou du charbon.

CHAPITRE PREMIER

Trimestre d'Automne

Sciences Physiques

1. — Les trois règnes de la nature

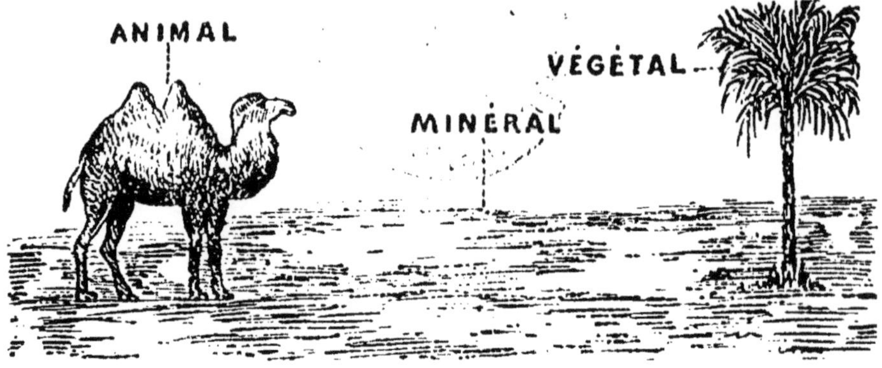

Matériel. — Quelques échantillons de roches et de végétaux.

Faits d'observation. — Examiner des échantillons de roches et de végétaux, les comparer entre eux et ensuite à quelques animaux.

Faire constater les transitions insensibles qui séparent les êtres composant les trois règnes de la nature.

PLAN

1. — Classification des êtres { 1° inanimés ou inorganisés: minéraux. 2° vivants ou organisés: végétaux, animaux.
2. — Caractères des minéraux : pas de vie.
3. — Caractères des êtres organisés : vivent, se reproduisent, meurent.
4. — Distinction entre les végétaux et les animaux.
5. — Les trois règnes de la nature.

RÉSUMÉ

1. — On a classé tout ce qui existe en êtres *inanimés* ou inorganisés et en êtres *vivants* ou organisés.
2. — Les êtres inorganisés n'ont pas de vie; ce sont les *minéraux*.
3. — Les êtres organisés vivent, se reproduisent et meurent. Ils comprennent les *végétaux* et les *animaux*.
4. — Les animaux se distinguent des végétaux parce qu'ils sont doués de sensibilité et qu'ils exécutent des mouvements volontaires.
5. — L'ensemble de tous ces êtres constitue les trois règnes de la nature: *minéral, végétal, animal*.

Exercices et questions d'intelligence. — Citer des corps inorganisés et des corps organisés. Comment s'accroissent les minéraux ? les végétaux ? les animaux ? Comparer la durée des différents êtres de la nature.

2. — Les Corps

Matériel. — Vases de différentes formes; — une terrine remplie d'eau, un verre; — des allumettes; — de l'eau forte, un morceau de cuivre; — un soufflet; — une cuiller, de l'étain, une lampe à alcool; — un ballon ou une casserole, une soucoupe.

Faits d'observation et expériences. — Montrer qu'un même liquide prend la forme de chacun des vases qui le renferment successivement.
Enfoncer un verre renversé dans une terrine pleine d'eau, l'incliner légèrement et remarquer les bulles qui s'en échappent.
Allumer une allumette et observer les gaz qui s'en échappent.
Verser de l'eau-forte sur du cuivre pour provoquer le dégagement d'un gaz rougeâtre.
Constater l'élasticité de l'air avec un soufflet.
Faire fondre de l'étain dans une cuiller.
Faire bouillir de l'eau et condenser la vapeur au moyen d'une assiette froide.

PLAN

1. — Définition : Molécules et atomes.
2. — Etat des corps { Solide : forme particulière. Liquide : pas de forme déterminée. Gazeux : diffusion indéfinie.
3. — Qualités des corps ; changement d'état.
4. — Classification des corps { Simples ou composés : analyse, synthèse. Organiques ou minéraux : caractères.
5. — Mélange et combinaison.

RÉSUMÉ

1. — On appelle *corps* tout ce qui tombe sous nos sens.
2. — Les corps se présentent à nous sous trois états : *solide*, *liquide*, *gazeux*.
3. — Les corps sont compressibles, élastiques et pesants à des degrés variables. Tous, à l'exception des corps *réfractaires*, peuvent changer d'état.
4. — Les *corps simples* sont ceux qu'on ne peut décomposer ; les *corps composés* sont formés de corps simples. Les *corps organiques* brûlent, pourrissent ; les *corps minéraux* ne brûlent pas ni ne pourrissent pas.
5. — Dans un *mélange*, les corps s'associent dans des proportions quelconques, conservent leurs propriétés respectives et sont facilement séparés ; dans une *combinaison*, ils s'unissent dans des proportions fixes, perdent leurs propriétés respectives et sont difficilement séparés.

Exercices et questions d'intelligence. — Citer des corps solides, liquides, gazeux ; des corps simples, des corps composés ; des corps organiques, des minéraux ; des exemples de mélanges, de combinaisons. Pourquoi les hauts-fourneaux sont-ils construits en briques réfractaires ? Pourquoi le marteau avec lequel on frappe sur l'enclume rebondit-il ? Que devient la force élastique d'un gaz quand son volume diminue de moitié ? Quand il devient deux fois plus grand ? Pourquoi la poudre qui s'enflamme chasse-t-elle avec tant de force la balle ou le boulet ?

3. — La Pesanteur

Matériel. — Règle, caillou, clé, etc.; — deux feuilles de papier égales ; — une pièce de 0 fr. 10 et une rondelle de papier de même surface ; — une bille, un seau d'eau ; — un pendule de 1 mètre ; — une pierre, un vase plein d'eau, une balance.

Faits d'observation et expériences. — Laisser tomber : une règle, un caillou, une clé, etc. ; deux feuilles de papier identiques, l'une étalée, l'autre roulée en boule ; une pièce de monnaie et une rondelle de papier de même grandeur d'abord séparées, puis superposées.

Laisser tomber de diverses hauteurs une bille sur la main, sur le pavé, dans un seau d'eau.

Confectionner un pendule de 1 mètre : il bat la seconde.

Déterminer la densité d'un morceau de pierre : peser la pierre, peser un flacon complètement plein d'eau, puis après que la pierre en a fait sortir un volume d'eau égal au sien propre, évaluer le poids de l'eau déplacée et chercher combien de fois il est contenu dans celui de la pierre.

PLAN

1. — Définition.
2. — Chute des corps dans le vide et dans l'air.
3. — Vitesse des corps qui tombent et mesure des espaces parcourus.
4. — Le fil à plomb et le pendule ; leurs usages.
5. — Poids et densité.

RÉSUMÉ

1. — La *pesanteur* est une force qui attire verticalement tous les corps vers le centre de la terre.
2. — Dans le vide, tous les corps tombent avec la même vitesse ; il n'en est pas de même dans l'air.
3. — La vitesse d'un corps qui tombe augmente avec la hauteur de chute. L'espace parcouru s'obtient en multipliant 4.m 90 par le carré du nombre de secondes de chute.
4. — Le *fil à plomb* donne la direction de la verticale. Le *pendule* est une sorte de fil à plomb dont la durée d'oscillation varie avec la longeur.
5. — Le poids d'un corps est l'effort qu'il faut faire pour l'empêcher de tomber. La densité d'un corps est le nombre qui exprime combien ce corps pèse de fois plus que l'eau à volume égal.

Exercices et questions d'intelligence. — A quelle hauteur se trouve un aéronaute laissant tomber un objet qui met 10 secondes pour atteindre le sol ? Que faut-il faire au balancier d'une horloge qui avance ? qui retarde ? Pourquoi les maçons se servent-ils du fil à plomb ? Dans quel niveau le fil à plomb trouve-t-il son application ? Quelle est la densité d'un corps dont 10 centimètres cubes pèsent 7 gr. 8 ?

4. — Leviers et Balances

Matériel. — Boîte, crayon, bille ; — levier, poids ; — ciseaux, casse-noisettes, pincettes ; — balance.

Faits d'observation et expériences. — Montrer les différentes sortes d'équilibres avec une boîte, un crayon, une bille.

Exposer le principe du levier au moyen d'un bâton ou d'une tige de fer graduée et des poids en changeant le point d'appui de place.

Indiquer les différentes sortes de leviers au moyen de ciseaux, du casse-noisettes, de pincettes.

Montrer une balance, en faire faire la description orale, exécuter des pesées.

Faire une pesée avec la balance rendue fausse.

PLAN

1. — L'équilibre des corps : stable, instable, indifférent.
2. — Le levier
   - Parties
     - Point d'appui A.
     - Bras de la puissance P.
     - Bras de la résistance R.
   - Principe : P × par son bras = R × par son bras.
3. — Applications
   - 1er genre : A entre P et R (pince, treuil, poulie, grue).
   - 2e genre : R entre P et A (casse-noisettes, brouette).
   - 3e genre : P entre A et R (pincettes, pédale du rémouleur).
4. — Balance : parties, qualités ; méthode des doubles pesées.
5. — Sortes de balances
   - Bras égaux : balance à colonne, balance Roberval.
   - Bras inégaux
     - à longueur fixe : bascule.
     - à longueur variable : balance romaine, pont-bascule.

RÉSUMÉ

1. — Un corps est en *équilibre* quand, placé dans une position, il reste en repos. L'équilibre est *stable*, *instable* ou *indifférent*

2. — Le *levier* est une barre rigide mobile autour d'un point fixe, le *point d'appui*. Il augmente la force, ou accélère le mouvement.

3. — Il y a trois genres de leviers, suivant la position du point d'appui par rapport à la *puissance* et à la *résistance*.

4. — La *balance* est un levier du 1er genre qui sert à déterminer le poids des corps. Elle doit être *juste* et *sensible*.

5. — Il y a plusieurs sortes de balances : les bras sont égaux dans la balance *Roberval*, inégaux dans la *bascule*, le *pont-bascule*.

Exercices et questions d'intelligence. — Pourquoi l'homme qui porte un fardeau se penche-t-il en avant ? Où faut-il placer la banquette d'une voiture à 2 roues dont l'arrière est fortement chargé ? un fardeau sur une brouette pour qu'il paraisse moins lourd ? 2 enfants pèsent, l'un 22 kg., l'autre 44 ; comment faut-il placer la planche sur laquelle ils veulent se balancer ?

LEVIERS

1er genre
Pince de Terrassier

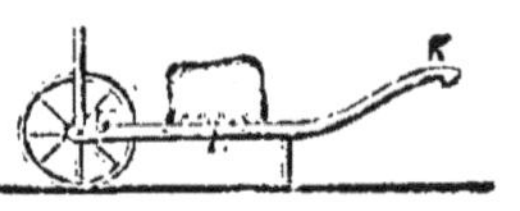

2e genre : Brouette

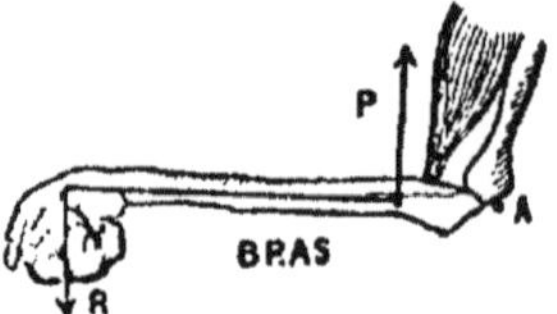

3e genre
Pièces du Squelette

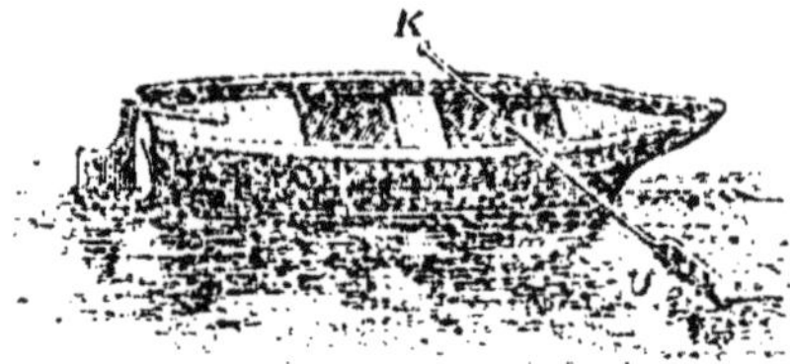

A quel genre appartient la rame ?

LEVIERS COMPOSÉS

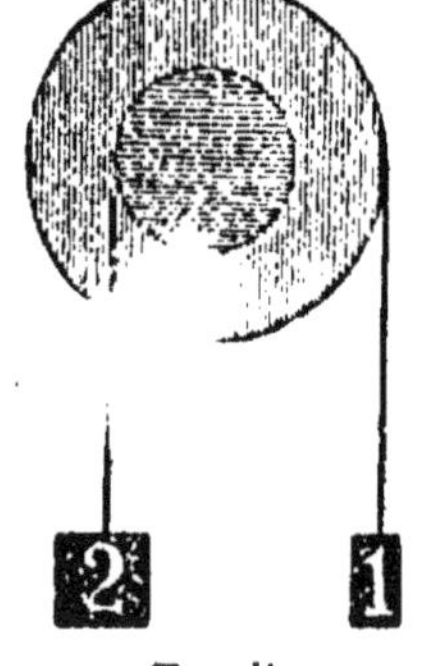

Treuil

Plan incliné

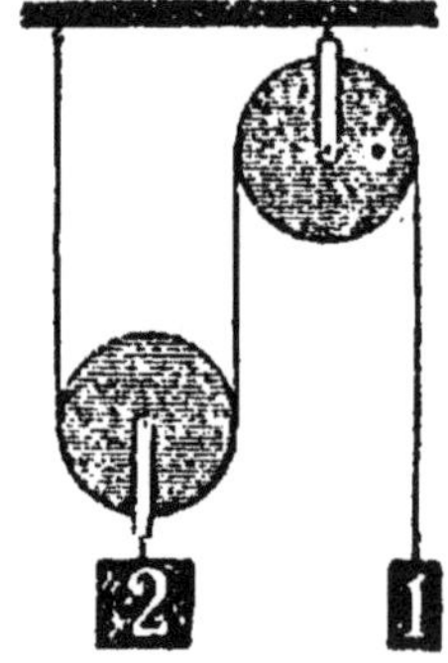

Palan

Bascule

5. — L'Air

Matériel. — Entonnoir ; — terrine remplie d'eau, 2 verres ; — tube recourbé, flacon ; — eau de chaux, soufflet ; — carafe pleine d'eau fraîche ; — ballon, balance, lampe à alcool.

Faits d'observation et expériences. — Constater la présence de l'air dans les faits suivants : résistance d'un volet, coup de fouet, sifflement des balles, écume de l'eau agitée, vol des oiseaux, chute d'une feuille.

Plonger un entonnoir dans l'eau, par la partie évasée et sentir le souffle d'air qui s'en échappe.

Souffler au moyen d'un tube recourbé sous un flacon plein d'eau et renversé dans une terrine et constater l'entrée de l'air dans le flacon.

Faire arriver de l'air dans de l'eau de chaux au moyen d'un soufflet pour constater la présence de l'acide carbonique dans l'air.

Liquéfier de la vapeur de la classe au moyen d'une carafe d'eau froide.

Faire bouillir de l'eau dans un ballon, le boucher quand la vapeur a chassé tout l'air ; — le refroidir et le peser ; — le déboucher ensuite et constater qu'il augmente de poids.

PLAN

1. — Propriétés : couleur, odeur, saveur, poids.
2. — Composition : oxygène, azote.
3. — Autres matières en dehors de ses composants.
4. — Rôle de l'air : oxydations, combustions, respiration, germination, fermentation.
5. — Applications à l'hygiène, à l'agriculture, à l'industrie.

RÉSUMÉ

1. — L'air est un gaz qui forme à la surface de la terre une couche appelée *atmosphère* d'une épaisseur de 100 kilomètres environ. Il pèse 1 gramme 3 par litre.
2. — L'air est un mélange d'environ 1/5 d'*oxygène* et de 4/5 d'*azote*.
3. — L'air atmosphérique contient de la *vapeur d'eau*, de l'*acide carbonique*, des *poussières* et des *microbes*.
4. — L'air est nécessaire aux *combustions*, à la *respiration* des êtres vivants ; c'est un des agents de la *germination* et de la *fermentation*.
5. — Il est indispensable d'*aérer* constamment les appartements et d'*ameublir* souvent le sol. L'industrie utilise aussi l'air comme *force motrice*.

Exercices et questions d'intelligence. — Sur 100 litres d'air, combien y a-t-il de litres d'oxygène ? Où l'air est-il le plus pur ? le moins pur ? Comment reconnait-on un air vicié ? Pourquoi faut-il se rouler par terre ou s'envelopper d'une épaisse couverture quand on a le feu à ses vêtements ? Qu'arrive-il si on se met à courir ?

6. — La Pression atmosphérique

Matériel. — Pièce de 0 fr. 10; — un journal; — 2 plaques de verre; — assiette, navet; — verre plein d'eau, feuille de papier; — œuf cuit dur, carafe; — baromètre, seringue, pipette, compte-gouttes; — balle en caoutchouc; — assiette.

Faits d'observation et expériences. — Faire adhérer une pièce de 0 fr. 10 à une vitre, au panneau d'un meuble.

Difficulté d'enlever un journal sur une surface polie en le prenant par le milieu; de séparer deux plaques de verre mouillé mises en contact.

Enlever une assiette avec un petit navet tranché bien net (tire-pavé).

Retourner un verre rempli d'eau et recouvert d'une feuille de papier.

Faire entrer un œuf cuit dur dans une carafe.

Montrer un baromètre, une seringue, une pipette, un compte-gouttes.

Faire entrer l'eau dans une balle de caoutchouc percée d'un trou.

Faire monter dans un verre renversé sur une assiette l'eau contenue dans cette dernière (ventouse).

PLAN

1. — La pression de l'air.
2. — Sa valeur; ses variations.
3. — Applications { baromètre, pompes, seringue, pipette, compte-gouttes, ventouses, siphon.
4. — Le baromètre; utilité.
5. — Sortes de baromètres.

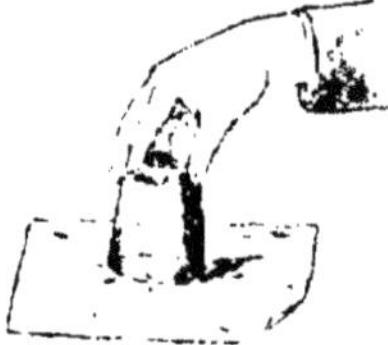

RÉSUMÉ

1. — L'air exerce une *pression* sur tous les corps et dans tous les sens.
2. — Cette pression fait équilibre à une colonne de mercure de $0^{m},76$ ou à une colonne d'eau de $10^{m},33$; elle varie suivant l'altitude, la température, l'humidité de l'air.
3. — Le baromètre, les pompes, la seringue, la pipette, le compte-gouttes, les ventouses, le siphon sont des applications de la pression atmosphérique.
4. — Le *baromètre* sert à mesurer la pression de l'air. Il indique aussi la hauteur des montagnes et les variations probables du temps.
5. — Le *baromètre à cuvette* se compose d'une colonne de mercure contenue dans un tube de verre, d'un petit réservoir de mercure et d'une planchette graduée. Le *baromètre métallique* a la forme d'une montre.

Exercices et questions d'intelligence. — Pourquoi le robinet d'un tonneau ne fonctionne-t-il pas tant que la bonde n'est pas soulevée? Un litre d'air a-t-il le même poids au bord de la mer et sur une montagne? La nature a-t-elle « horreur du vide » comme le croyaient les anciens? L'expression populaire : le temps est lourd, est-elle exacte ?

7. — Pompes et Siphon

Matériel. — Verre, eau, tube ; — bocal, cuvette, tube de verre recourbé ; — tube en cacutchouc.

Faits d'observation et expériences. — Faire monter l'eau dans un tube ouvert à ses deux extrémités en aspirant l'air qui y est contenu.

Renverser dans une cuvette contenant de l'eau un bocal dans lequel arrive un tube recourbé ; au moyen de ce dernier, aspirer l'air du bocal, où l'eau monte aussitôt.

Faire un siphon avec un tube en caoutchouc.

PLAN

1. — Les pompes ; la pompe aspirante.
2. — Principe de la pompe aspirante.
3. — La pompe foulante.
4. — La pompe aspirante et foulante.
5. — Le siphon.

RÉSUMÉ

1. — Les pompes sont des appareils destinés à élever les liquides à une hauteur plus ou moins grande. La *pompe aspirante* comprend un *tuyau d'aspiration* à soupape, un *corps de pompe* à tuyau de déversement, un *piston* à soupape, un *balancier*.

2. — La *pompe aspirante* est une application immédiate de la pression atmosphérique. Elle permet d'élever l'eau à 10 m. 33 en théorie, à 8 ou 9 mètres dans la pratique.

3. — La *pompe foulante* a un piston sans soupape. Elle projette l'eau à une hauteur considérable (Ex. : *Pompe à incendie*).

4. — La *pompe aspirante et foulante* est une pompe foulante munie d'un tuyau d'aspiration. On l'emploie en particulier pour extraire l'eau des mines.

5. — Le *siphon* est un tube recourbé à branches inégales. On l'utilise pour faire passer les liquides d'un vase dans un autre situé plus bas, après *amorçage*.

Exercices et questions d'intelligence. — Comment peut-on boire avec une paille ? Quels sont les usages de la pompe aspirante ? Pourquoi ne met-on pas de pompe aspirante aux puits très profonds ? A quoi servent les trous que l'on voit sur la boule du tuyau d'aspiration ? Quand une pompe est-elle amorcée ? Pourquoi la pompe foulante est-elle plus difficile à actionner que la pompe aspirante ? Comment amorce-t-on un siphon ?

POMPES ET SIPHON

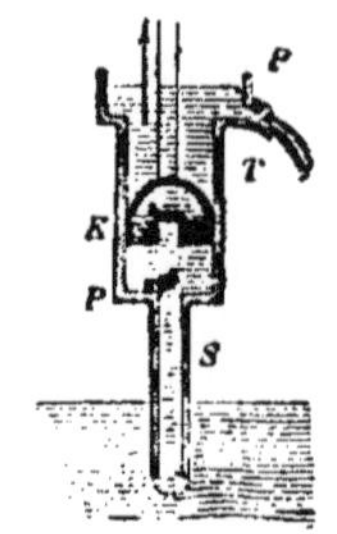

Pompe aspirante

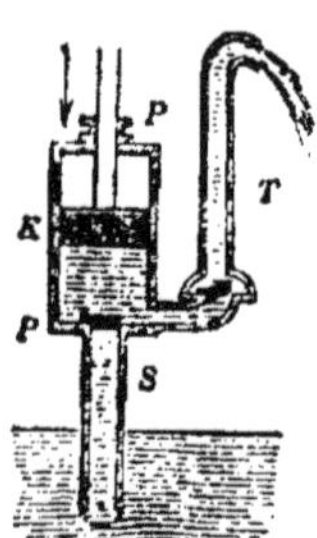

Pompe foulante

Pompe aspirante et foulante

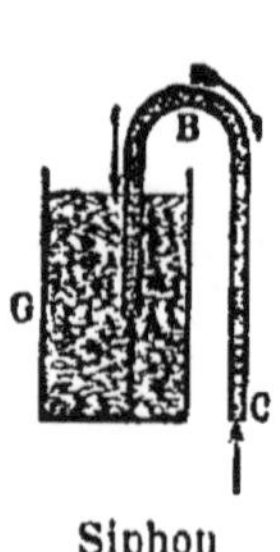

Siphon

Pompe à incendie

8. — L'oxygène et ses Composés

Matériel. — Ballon, tube de dégagement, cuvette, différents flacons, chlorate de potasse, lampe à alcool ; — allumettes ; — ressort de montre ou fil de fer très fin ; — acides, bases, teinture de tournesol ; — sels.

Faits d'observation et expériences — Préparer de l'oxygène par la décomposition du chlorate de potasse.

Rallumer, dans l'oxygène, une allumette présentant encore un point en ignition.

Faire brûler un ressort de montre dans l'oxygène.

Constater l'action des acides et des bases sur la teinture de tournesol.

Montrer des sels : sel marin, craie, plâtre, cristaux de soude, salpêtre, vitriol bleu, vitriol vert.

PLAN

1. — Propriétés de l'oxygène.
2. — Préparation.
3. — Rôle dans la nature.
4. — Composés
   - Acides : carbonique, sulfurique, azotique, phosphorique.
   - Oxydes ou bases
     - Potasse, soude, chaux.
     - Oxydes de fer, de cuivre, de zinc, de plomb, etc.
5. — Idée d'un sel ; principaux sels.

RÉSUMÉ

1. — *L'oxygène* est un gaz incolore, inodore, plus lourd que l'air et dont la principale propriété est de faire brûler.

2. — On l'obtient en décomposant le *chlorate de potasse.*

3. — Il fait partie de l'air, de l'eau et de presque tous les corps composés. C'est l'agent principal de la *combustion*, de la *respiration*, de la *germination*, de la *fermentation*, de la *nitrification.*

4. — En se combinant avec les corps simples, il forme des *acides* qui rougissent la teinture de tournesol et des *oxydes* encore appelés *bases* qui neutralisent l'action des acides.

5. — La combinaison d'un acide avec un oxyde ou un métal donne un sel. Les principaux sels sont : les *carbonates*, les *sulfates*, les *azotates*, les *phosphates*, les *chlorures.*

Exercices et questions d'intelligence. — Qu'arriverait-il si on mettait un animal dans l'oxygène pur ? Quelle différence y a-t-il entre un mélange d'oxygène et d'azote et une combinaison de ces deux gaz ? Un enfant consomme 1l10 d'oxygène par minute, quelle est sa consomation en une heure ? pendant les 6 heures qu'il passe journellement en classe ? Quel est le poids de cet oxygène sachant que le litre de ce gaz pèse 1 gr. 429 ? Quel est l'acide qui est utilisé dans l'alimentation ? Sous quelle forme se présentent souvent les sels ?

9. — L'Azote et ses Composés

Matériel. — Allumettes, phosphore, bocal cuvette à moitié remplie d'eau ; — acide azotique, cuivre ; — ammoniaque, étoffe avec taches de graisse ; — azotates de potasse, de soude ; sulfate d'ammoniaque.

Faits d'observation et expériences. — Préparer de l'azote en faisant brûler du phosphore sous un bocal renversé sur une cuvette contenant de l'eau.

Constater que l'azote éteint les corps en combustion.

Montrer l'action de l'eau-forte sur le cuivre (gravure, décapage), sur la soie et la laine (teinture en jaune).

Enlever des taches de graisse avec de l'ammoniaque étendue d'eau.

Faire fuser du salpêtre sur des charbons ardents.

PLAN

1. — Propriétés de l'azote.
2. — Préparation.
3. — Rôle de l'azote à l'état
   - naturel : air, nodosités des légumineuses.
   - organique : viande, légumes, engrais vert, fumier.
   - ammoniacal : sulfate d'ammoniaque (engrais).
   - nitrique : nitrate de soude (engrais).
4. — Composés
   - acides : acide azotique ou nitrique.
   - base : ammoniaque.
   - sels : azotates de potasse (salpêtre) et de soude (nitrate) ; sulfate d'ammoniaque.
5. — Usages
   - industrie : gravure, décapage, teinture, explosifs (acide azotique).
   - économie domestique : taches de graisse (ammoniaque), salaison (salpêtre).
   - médecine : syncope, piqûres, morsures (ammoniaque).
   - agriculture : météorisation (ammoniaque), engrais (nitrate, sulfate d'ammoniaque).

RÉSUMÉ

1. — L'*azote* est un gaz incolore, inodore, plus léger que l'air. Il tempère l'action de l'oxygène, éteint les corps en combustion et arrête la respiration.
2. — On peut l'obtenir en faisant brûler du phosphore dans un bocal renversé sur une cuvette contenant de l'eau.
3. — L'azote constitue les 4/5 de l'air, fait partie des aliments et des engrais, dont il est le principe le plus important.
4. — L'azote forme l'*acide azotique* ou eau forte, l'*ammoniaque* ou alcali volatil, les *azotates* de potasse (*salpêtre*), de soude (*nitrate*) et le *sulfate d'ammoniaque*.
5. — Les composés de l'azote sont employés dans l'industrie, dans l'économie domestique, en médecine et en agriculture.

Exercices et questions d'intelligence. — Que devient une souris dans un bocal rempli d'azote ? Ce gaz est-il un poison ? Pourquoi éprouve-t-on des picotements dans les yeux lorsqu'on pénètre dans une écurie ? Pourquoi fait-on respirer de l'ammoniaque pour combattre les syncopes ? Qu'est-ce que l'espèce de poussière blanche que les vaches lèchent sur les murs des étables ?

10. — L'Eau et l'Hydrogène

Matériel. — Eau, sucre, sel, savon ; — ballon, sciure, lampe à alcool ; — flacon à 2 tubulures ou ayant un bouchon traversé par 2 tubes, tube de dégagement, flacons divers, cuvette, zinc, acide sulfurique ; — mousse de savon, allumettes ; — tube effilé, soucoupe ; — verre de lampe.

Faits d'observation et expériences. — Montrer le pouvoir dissolvant de l'eau sur le sucre, le sel, etc ; action de la température. Faire chauffer de l'eau contenant de la sciure pour montrer le dégagement des bulles d'air, puis celui de la vapeur et les courants liquides qui se produisent.

Préparer de l'hydrogène au moyen de l'eau acidulée et du zinc et l'enflammer ensuite. Faire aboutir le tube à dégagement dans de la mousse de savon et enflammer les bulles qui se forment. Remplacer le tube à dégagement par un tube effilé, faire brûler le gaz et placer une soucoupe au-dessus de la flamme pour recueillir de l'eau. Faire chanter la flamme en l'enveloppant d'un verre de lampe.

PLAN

1. — Définition et composition.
2. — Propriété : pouvoir dissolvant, changement d'état, poids.
3. — L'eau dans la nature.
   - état : solide, liquide, gazeux.
   - circulation : évaporation condensation, ruissellement, infiltration.
   - rôle : dissolution des roches, composition des êtres vivants.
4. — Analyse de l'eau et préparation de l'hydrogène.
5. — Propriété et usage de l'hydrogène.

RÉSUMÉ

1. — L'*eau* est un liquide incolore, inodore, insipide, formé par la combinaison de deux gaz, l'*oxygène* et l'*hydrogène*.
2. — Certains corps sont *solubles* dans l'eau jusqu'à ce qu'elle soit *saturée* ; d'autres y restent plus ou moins longtemps en *suspension*. L'eau *distillée* est pure.
3. — L'eau se présente sous trois états : *solide, liquide, gazeux* et circule constamment dans la nature. On la trouve sous forme de glace, de grêle, de neige, de pluie, de rosée, de nuages, de brouillards.
4. — On peut la décomposer avec des charbons incandescents où par l'action de l'acide sulfurique sur le zinc.
5. — L'hydrogène, 14 fois 1/2 plus léger que l'air, brûle en formant de l'eau. Il sert à gonfler les ballons.

Exercices et questions d'intelligence. — Comment peut-on augmenter le pouvoir dissolvant de l'eau ? Pourquoi l'eau de pluie est-elle presque pure ? Pourquoi l'eau d'un cours d'eau est-elle trouble après les pluies d'orage ? Pourquoi le forgeron arrose-t-il le foyer de sa forge pour activer la combustion ? Pourquoi une pompe insuffisante augmente-t-elle un incendie ? L'hydrogène est-il un comburant comme l'oxygène.

11. — Usages de l'Eau

Matériel. — Savon, alcool; — verre, eau, plante; — boîte à craie charbon, sable.

Faits d'observation et expériences. — Constater la présence du calcaire dans les cafetières et les réservoirs de cuisinière.

Reconnaître la présence du plâtre au moyen de la dissolution alcoolique de savon (grumeau).

Faire constater qu'une eau contenant des matières organiques devient fétide au bout de quelques jours.

Préparer un filtre au moyen d'une boîte à craie remplie de couches alternatives de charbon et de sable et l'expérimenter.

PLAN

1. — Usages domestiques: alimentations, soins de propreté.
2. — L'eau potable { est fraîche, incolore, inodore. contient un peu de calcaire et de sel marin. n'est pas séléniteuse (plâtre), fétide (matières organiques), contaminée (microbre).
3. — Précautions à prendre: filtrage, bouillage.
4. — L'eau en agriculture.
5. — L'eau dans l'industrie, le commerce, la médecine.

RÉSUMÉ

1. — L'eau est employée pour l'alimentation et les soins de propreté.
2. — L'*eau potable* doit être aérée, fraiche, incolore, sans odeur. Elle doit renfermer un peu de *calcaire* et de *sel marin*, mais ne pas contenir de *plâtre*, ni de *matières organiques*, ni de *microbes*.
3. - Il est prudent de filtrer l'eau que l'on boit et de la faire bouillir en temps d'épidémie.
4. — L'eau est indispensable à la germination et au développement des végétaux. La *gelée* ameublit le sol, mais détruit les jeunes pousses ; la *neige* et les *nuages* protègent les plantes contre le froid, mais la *grêle* les détruit.
5. — L'industrie emploie l'eau comme *force motrice* ; le commerce utilise la mer et les cours d'eau comme voies de communication ; la médecine traite certaines maladies par la glace et les *eaux minérales*.

Exercices et questions d'intelligence. — Quel rôle jouent la pluie et la neige au point de vue de la purification de l'air ? Quelle est l'action des brouillards sur la santé ? Faut il boire de l'eau froide quand on a chaud ? se baigner quand on vient de manger ? A quelle condition l'eau bouillie est-elle potable ? Comment l'eau des puits peut-elle être contaminée ? Est-il prudent de s'assurer contre la grêle ? Qu'est-ce que la houille blanche ? la houille verte ?

12. — Pesanteur des Liquides

Matériel. — Verre, eau, huile ; — entonnoir, tubes en verre et en caoutchouc; — seaux plein d'eau, boîte de conserve ; — tube à essai, sel ; — éprouvette ou flacon à large orifice, caillou, balance.

Faits d'observation et expériences. — Superposer dans un verre de l'eau et de l'huile.

Réunir un entonnoir et un tube de verre par un caoutchouc pour vérifier le principe des vases communicants.

Enfoncer dans l'eau une boîte de conserve trouée à plusieurs endroits pour montrer la différence des jets par suite de la différence de hauteur du liquide.

Mettre un tube à essai lesté dans de l'eau ordinaire, dans de l'eau salée et constater l'affleurement.

Plonger un caillou suspendu à un fil dans une fiole pleine d'eau, retirer le caillou et le suspendre au plateau d'une balance, placer la fiole essuyée sur ce même plateau, établir l'équilibre, plonger le caillou suspendu dans l'eau d'un seau, rétablir l'équilibre en remplissant la fiole.

PLAN

1. — Surface des liquides seuls ou superposés.
2. — Vases communicants ; applications.
3. — Pression sur le fond et les parois d'un vase : rupture des conduites d'eau.
4. — Transmission des pressions subies par les liquides : presse hydraulique.
5. — Principe d'Archimède : applications aux corps flottants, aux poissons, aux ballons, aux nuages, à la fumée.

RÉSUMÉ

1. — La surface libre des liquides est *horizontale*. Les liquides se superposent horizontalement par ordre de *densité*.
2. — Dans les *vases communicants*, l'eau a le même niveau Les *puits a ·siens*, le *niveau d'eau*, la *distribution de l'eau* dans les villes en sont des applications.
3. — La *pression* qui s'exerce sur les parois d'un vase croît avec la *hauteur* du liquide ; elle est indépendante de la *forme* du vase.
4. — Les liquides *transmettent* entièrement et dans tous les sens les pressions qu'ils subissent : c'est le principe de la *presse hydraulique*.
5. — Tout corps plongé dans l'eau perd de son poids le poids du volume d'eau qu'il déplace. C'est le *principe d'Archimède* qui trouve son application dans les *bateaux* et les *ballons*.

Exercices et questions d'intelligence. — La surface de la mer est-elle horizontale dans toute son étendue ? Qu'est-ce qui a causé la rupture de la digue de Bouzey ? Quels sont les usages de la presse hydraulique ? Pourquoi la pierre que l'on retire de l'eau est-elle plus lourde quand elle en est sortie ? Pourquoi une poutre flotte-t-elle tandis qu'une aiguille enfonce dans l'eau ? Pourquoi l'alcoomètre de l'employé de la régie plonge-t-il différemment dans les liquides ? Enfoncez des clous dans un bouchon jusqu'à ce qu'il flotte entre deux eaux, pesez-le, dites quel en est le volume ?

PESANTEUR DES LIQUIDES

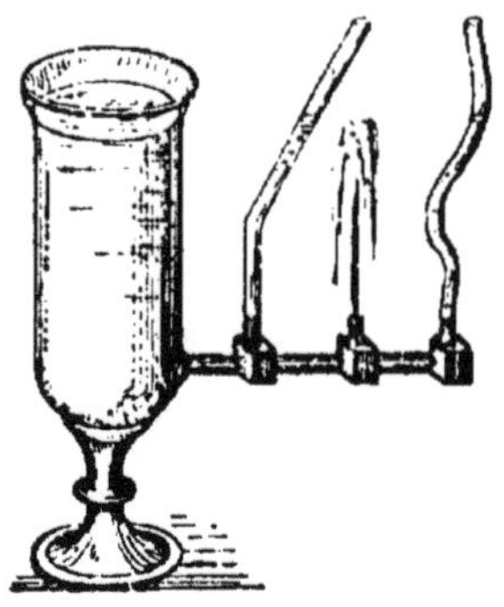

Vases communicants et leur application aux puits artésiens.

Surface : 10 dmq.
Force déployée : 1 kg

Surface : 40 dmq.
Force produite : 40 kg

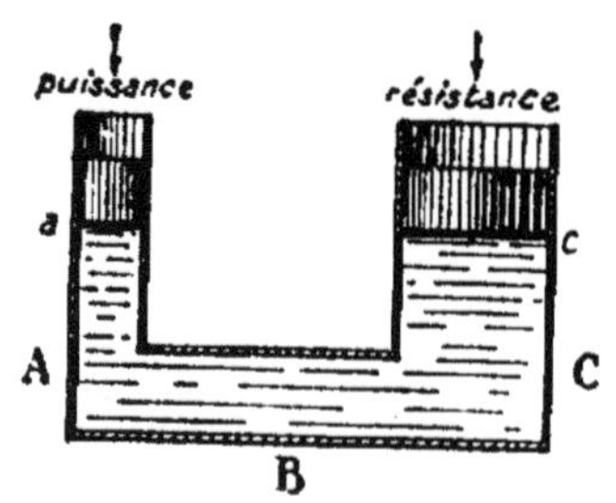

Principe de Pascal et son application à la presse hydraulique.

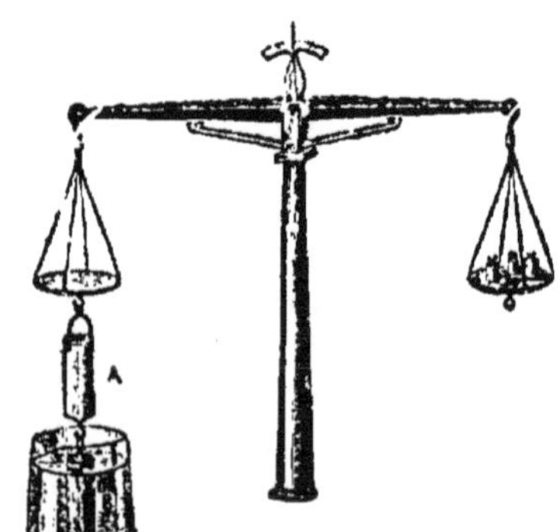

Balance pour la démonstration du principe d'Archimède.

13. — La Combustion.

Matériel. — Allumettes; — lampe à pétrole; — tube servant de chalumeau ; — objet rouillé ; — cuvette, bocal, bougie.

Faits d'observation et expériences. — Allumer une allumette et faire remarquer la combustion du phosphore, du soufre, du bois avec les produits qu'elle donne.

Entourer avec un linge la monture métallique d'une lampe allumée et constater la diminution de la combustion. — Faire la même constatation en enlevant le verre de la lampe.

Souffler sur une flamme avec un chalumeau pour montrer l'action de l'air.

Montrer un objet rouillé comme exemple de combustion lente.

Une bougie allumée placée dans une cuvette d'eau et recouverte d'un bocal renversé s'éteint lorsque l'air n'a plus d'oxygène.

PLAN

1. — Définition.
2. — Comburant et combustible.
3. — Combustion vive, combustion lente.
4. — Produits de la combustion.
5. — Circonstances qui favorisent la combustion.
   - Division de la masse combustible.
   - Arrivée de l'air.
   - Absence des matières incombustibles.
   - Expulsion des produits de la combustion.
   - Elévation de la température.

RÉSUMÉ

1. — La *combustion* est la combinaison d'un corps combustible avec l'oxygène.

2. — Un *corps combustible* brûle ; un *corps comburant* fait brûler.

3. — La combustion *vive* est accompagnée de chaleur et de lumière ; la combustion *lente* se fait lentement et sans flamme.

4. — Les combustions produisent le plus fréquemment de l'eau, de l'acide carbonique et des cendres.

5. — La combustion est favorisée par la division de la masse combustible, l'arrivée de l'air, l'absence des matières incombustibles et l'expulsion des produits de la combustion.

Exercices et questions d'intelligence. — Quels sont les principaux combustibles ? Comment peut-on dire que rien ne se perd, que rien ne se crée dans la nature ? A quelle sorte de combustion faut-il rattacher l'oxydation ? la respiration ? la décomposition des matières organiques ? Pourquoi les copeaux et le papier brûlent-ils mieux que les tisons et le carton ? Pourquoi la sciure de bois brûle-t-elle difficilement ? Pourquoi abaisse-t-on le tablier d'une cheminée quand on désire activer le feu ?

14. — Charbons naturels

Matériel. — Houille, anthracite, graphite, tourbe; — bougie, toile métallique; — tube à essais ou pipe.

Faits d'observation et expériences. — Examiner des échantillons de charbons naturels; montrer des empreintes de végétaux sur des morceaux de houille.

Constater que la flamme d'une bougie ne traverse pas la toile métallique.

Faire du gaz d'éclairage au moyen d'un tube à essais ou d'une pipe.

PLAN

1. — Le carbone et le charbon.
2. — Les charbons naturels: houille, diamant, anthracite, graphite, tourbe.
3. — La houille
   - origine : anciennes forêts.
   - extraction : puits, galeries.
   - dangers : inondations, grisou (lampe Davy).
4. — Usages
   - de la houille : combustible (chauffage, industrie).
   - des produits de la houille
     - gaz d'éclairage (cornues, barillet, colonne à coke, épurateurs, gazomètre).
     - coke : combustible.
     - goudron : peinture, benzine, aniline, phénol, naphtaline.
     - eaux ammoniacales : sulfate d'ammoniaque.
5. — Autres charbons naturels
   - diamant : bijoux, outils (vitriers).
   - anthracite : combustible.
   - graphite : crayon, brillantine, pâte de graissage.
   - tourbe : combustible, litière.

RÉSUMÉ

1. — Le *carbone* est un corps simple très dur; uni à des matières étrangères, il prend le nom de *charbon*.

2. — Les *charbons naturels* sont ceux qu'on trouve dans la terre comme la *houille*, le *diamant*, le *graphite*, la *tourbe*.

3. — La houille provient des végétaux enfouis et décomposés lentement à l'abri de l'air. Elle s'extrait dans les *mines* au moyen de *puits* et de *galeries*.

4. — Elle est employée comme *combustible* et on en tire du *gaz d'éclairage*, du *coke*, du *goudron* et des *eaux ammoniacales*.

5. — Le *diamant*, le plus dur de tous les corps, est du carbone pur cristallisé; le *graphite* sert à faire des crayons; la *tourbe* s'emploie comme chauffage et comme litière.

Exercices et questions d'intelligence. — Pourquoi dit-on que « la houille est le pain de l'industrie » ? Le diamant est-il aussi utile que la houille? Puisque le diamant est le plus dur de tous les corps, avec quoi peut-on le tailler?

15. — Charbons artificiels

Matériel. — Coke, charbon de bois, noir animal, noir de fumée ; — lampe à pétrole ; — os, boîte en fer-blanc avec son couvercle, verre, vin, filtre en papier, entonnoir.

Faits d'observation et expériences. — Examiner des échantillons de charbons artificiels.

Recueillir sur une feuille de papier le noir de fumée produit par une lampe rendue fumeuse.

Faire chauffer des os dans une boîte en fer-blanc fermée et décolorer du vin avec le noir animal obtenu.

PLAN

1. — Charbons artificiels : charbon de bois, coke, noir animal, noir de fumée.
2. — Charbon de bois : préparation (meules, évents), qualités (poreux, sonore, léger, cassure brillante).
3. — Usages du charbon de bois { chauffage. poudre. désinfectant : eau (filtre), viande, fosses d'aisances.
4. — Noir de fumée : fabrication, usages.
5. — Noir animal : fabrication, usages.

RÉSUMÉ

1. — Les charbons artificiels sont ceux que l'homme fabrique, comme le *charbon de bois*, le *coke*, le *noir de fumée*, le *noir animal*.

2. — Le *charbon de bois* s'obtient par la combustion incomplète du bois en meules. Il est léger, sonore et brûle sans flamme ni fumée.

3. — On l'emploie comme *combustible* et comme *désinfectant*.

4. — Le *noir de fumée* se fait en brûlant des matières grasses ou résineuses. Il sert dans la préparation des couleurs et de l'encre de Chine.

5. — Le *noir animal* s'obtient en calcinant des os en vases clos. On l'utilise comme décolorant et comme engrais.

Exercices et questions d'intelligence. — Pourquoi carbonise-t-on la pointe des pieux avant de les mettre en terre ? Qu'arrive-t-il quand on oublie de surveiller le pain qu'on fait griller ? Comment fait-on disparaître le mauvais goût du bouillon ? Pourquoi emploie-t-on du charbon de bois de préférence au bois pour faire la cuisine sur un fourneau ? Pourquoi le plafond de la cuisine se noircit-il rapidement ?

16. — Composés du Carbone

Matériel. — Flacon à 2 tubulures ou avec un bouchon traversé par 2 tubes, tube de dégagement, cuvette, craie, acide, flacons ou verres; — allumettes; — bougies de diverses grandeurs, terrine; — eau de chaux, chalumeau.

Faits d'observation et expériences. — Préparer de l'acide carbonique avec de la craie et de l'acide chlorhydrique.

Eteindre une allumette dans un flacon contenant de l'acide carbonique.

Verser de l'acide carbonique sur une bougie ou le faire arriver dans une terrine sèche où se trouvent allumées des bougies de différentes longueurs; les bougies s'éteignent alors par ordre de grandeur.

Constater que l'eau de chaux abandonnée à l'air se couvre de pellicules.

Souffler avec un chalumeau dans de l'eau de chaux qui se troublera d'abord, puis redeviendra limpide quand l'acide aura dissous le calcaire formé.

Recueillir du gaz des marais dans un flacon et l'enflammer en classe.

PLAN

1. — L'acide carbonique; propriétés.
2. — Préparation et production naturelle.
3. — Utilité et rôle dans la nature.
4. — L'oxyde de carbone; ses dangers.
5. — Autres composés du carbone { carbures d'hydrogène (gaz d'éclairage, gaz des marais, pétrole, essence de térébenthine). carbonates de chaux, de potasse, de soude, d'ammoniaque).

RÉSUMÉ

1. — L'*acide carbonique* est un gaz plus lourd que l'air et soluble dans l'eau. Il trouble l'eau de chaux et n'entretient ni la combustion, ni la respiration.

2. — On le prépare en versant un acide sur de la craie.

L'acide carbonique provient de la respiration des êtres vivants, des combustions, des fermentations, des volcans et de certaines cavités souterraines.

3. — Il rend les liquides *mousseux* et sert à fabriquer de l'eau de *Seltz artificielle*. Il favorise la dissolution du *calcaire* utile aux plantes et leur cède son *carbone* sous l'action de la lumière.

4. — L'*oxyde de carbone* qui se dégage des combustions incomplètes est un poison violent.

5. — Avec l'hydrogène, le carbone forme des *carbures d'hydrogène* dont la plupart sont très inflammables. Avec les bases, l'acide carbonique donne des *carbonates* dont les principaux sont les *calcaires*.

Exercices et questions d'intelligence. — Pourquoi un homme peut-il se promener sans danger dans la Grotte du Chien à Pouzzolles, près de Naples, tandis qu'un chien s'y asphyxie? Comment peut-on savoir s'il est dangereux de descendre dans un puits abandonné ou dans une cave où l'on fait le vin? Comment peut-on enlever le calcaire déposé par l'eau dans les carafes? Pourquoi le gaz carbonique s'élève-t-il dans la cheminée quoique plus lourd que l'air? Comment expliquer l'action des sources incrustantes? la formation des stalactites et des stalagmites dans les grottes et sous les ponts?

17. Le Chauffage

Matériel. — Charbon, houille, coke, alcool ; — morceaux de bois de diverses grosseurs.

Faits d'observation. — Montrer les divers combustibles du musée scolaire.

Préparation du feu : manière de placer le bois, de ménager l'arrivée de l'air ; — rôle de la cheminée.

Faire constater la présence sur le poêle d'un vase rempli d'eau pour combattre le dessèchement de l'air.

PLAN

1. — Le feu : utilité, principaux combustibles.
2. — Formule d'un bon chauffage.
3. — Appareils divers de chauffage : cheminées, poêles, calorifères.
4. — Dangers des appareils à tirage faible : braseros, réchauds, chaufferettes, poêles mobiles.
5. — Inconvénients du feu : brûlures, incendies.

RÉSUMÉ

1. — Le *feu* est nécessaire pour se préserver du froid, pour préparer la plupart des aliments et dans une foule d'industries. On l'obtient en brûlant divers combustibles.

2. — Le meilleur mode de chauffage donne un *air pur* et *frais* entre des *murs chauds.*

3. — Les *cheminées* chauffent peu, mais ventilent bien ; les *poêles* donnent plus de chaleur, mais ventilent moins bien ; les *calorifères* à air chaud, à eau chaude et à vapeur, donnent un bon chauffage, mais exigent une installation coûteuse.

4. — Les appareils à *tirage faible* dégagent de *l'oxyde de carbone*, poison violent qui occasionne des migraines et parfois la mort.

5. — Le feu est la cause des *brûlures* et des *incendies.* On soigne les brûlures légères avec des compresses d'eau fraîche, on perce les cloques et on les recouvre d'une couche d'ouate.

Exercices et questions d'intelligence. — Comment les sauvages se procurent-ils du feu ? Comment les cheminées contribuent-elles à l'aération des appartements ? Dans quel but place-t-on une coiffe à la partie supérieure des tuyaux de cheminée ? Quelles précautions faut-il prendre pour éviter les feux de cheminée ? Les poêles en porcelaine ont-ils les mêmes inconvénients que les poêles en fonte ? Quel est l'usage de la clef mobile que portent les poêles ? Est-il prudent de s'assurer contre l'incendie ?

18. — La Chaleur

Matériel. — Porte plume ou bouton en métal ; — lampe, charbon, morceau de fer ; — fil de fer et fil de laiton, cire ; — feuille de verre, thermomètre.

Faits d'observation et expériences. — Frotter l'extrémité d'un porte-plume ou un bouton en métal et constater la chaleur développée.

Chauffer un morceau de charbon et un morceau de fer et remarquer comment la chaleur s'y répand.

Chauffer à une extrémité un fil de cuivre et un fil de fer de même longueur que l'on a recouverts de cire ; celle-ci fond plus vite sur le cuivre.

Placer un carreau de verre entre une flamme et un thermomètre, ce dernier monte aussitôt ; répéter l'expérience devant un poêle bien chaud, le thermomètre n'accuse pas une élévation sensible de température.

Placer sur le sol deux thermomètres dont l'un soit au-dessous d'un linge supporté par 4 piquets et constater la différence de température.

PLAN

1. — Définition, production, sortes.
2. — Propagation : rayonnement, conductibilité.
3. — Applications : vêtements, habitations, cultures.
4. — Absorption et réflexion.
5. — Rôle de la chaleur en agriculture. — Limites de culture (vigne, maïs, mûrier).

RÉSUMÉ

1. — La *chaleur* est la cause qui produit les sensations de *chaud* et de *froid*. Ses principales sources sont le *soleil* et le *feu*. Elle est *naturelle* ou *artificielle*, *lumineuse* ou *obscure*.
2. — Elle se propage par *rayonnement* ou par *conductibilité*. Les corps sont *bons conducteurs* (métaux) ou *mauvais conducteurs* (bois, liquides, gaz) de la chaleur ; le verre se laisse traverser par la *chaleur lumineuse*, mais arrête la *chaleur obscure*.
3. — On se garantit du *froid* par les vêtements de laine, les fourrures, les couvertures, les doubles portes. On en préserve les végétaux par le buttage, les paillassons, les vitraux, les nuages artificiels
4. — Le *noir* absorbe bien la chaleur, mais il la perd vite ; le *blanc* l'absorbe peu et la réfléchit presque totalement.
5. — La chaleur est indispensable aux *fermentations*, à la *nitrification*, à la *germination* des graines, à la *maturité* des fruits, à la *conservation* des légumes.

Exercices et questions d'intelligence. — Pourquoi une cave paraît-elle chaude en hiver et froide en été ? Pourquoi le charbon couve-t-il sous la cendre ? Qu'arrive-t-il si on verse de l'eau bouillante dans un verre froid ou qu'on enlève un verre de lampe chaud avec les mains mouillées ? Pourquoi blanchit-on les murs contre lesquels on appuie les espaliers ? Pourquoi les sols de couleur foncée s'échauffent-ils plus vite que les terres grises ou blanchâtres ?

19. — La Dilatation

Matériel. — Tige de fer, 2 épingles, lampe; — pièce 0 fr. 10 et anneau de même diamètre; — fer à repasser; — thermomètre, eau, ballon, tube; — vessie; — bougie.

Faits d'observation et expériences. — Constater qu'une tige de fer augmente de longueur en la plaçant froide, puis chaude, entre 2 épingles fixées sur une surface plane.

Faire un anneau dans lequel passe tout juste une pièce de 0 fr. 10, chauffer cette pièce et remarquer qu'elle ne peut plus passer.

Tracer le contour d'un fer à repasser, le chauffer, puis le poser à la même place.

Chauffer un thermomètre ou de l'eau teintée dans un ballon surmonté d'un tube.

Suspendre une vessie à moitié gonflée au-dessus d'un poêle allumé.

Placer une bougie en bas et en haut d'une porte entr'ouverte séparant deux espaces inégalement chauds et observer les courants d'air qui se forment.

PLAN

1. — Dilatation des corps.
2. — Applications diverses.
3. — Le thermomètre { description. / graduation. / sorte : { à alcool : basses températures. / à mercure : hautes températures.
4. — Usages du thermomètre : météorologie, hygiène, médecine, agriculture, industrie.
5. — Le vent. { causes : inégalité de pression, condensation de la vapeur d'eau. / espèces : réguliers (brises, siroco), irréguliers (accidentels). / direction : girouette. / vitesse : anémomètre. / rôle : climats, hygiène, force motrice ; tempêtes, cyclones.

RÉSUMÉ

1. — Tous les corps, solides, liquides ou gazeux, se *dilatent* sous l'action de la chaleur et se *contractent* en se refroidissant.
2. — La *dilatation* trouve son application dans la pose des rails, des barreaux des fenêtres, des couvertures en zinc ; dans le cerclage des roues, la construction des thermomètres, la production des vents et des courants marins.
3. — On détermine la *température* des corps à l'aide d'un *thermomètre à mercure* ou à *alcool*. Il marque 0° à la température de la *glace fondante* et 100° à celle de la *vapeur d'eau bouillante.*
4. — On emploie le thermomètre pour mesurer la température des appartements, des bains, des serres, des couveuses artificielles, des magnaneries et dans un grand nombre d'industries.
5. — Les *vents* sont des courants d'air produits par les différences d'échauffement des couches de l'atmosphère. Ils sont *réguliers* ou *irréguliers.*

Exercices et questions d'intelligence. — Pourquoi rive-t-on les clous à chaud dans les constructions en fer ? Comment débouche-t-on un flacon à bouchon en verre qui offre quelque résistance ? Pourquoi ne remplit-on pas complètement un vase dans lequel on fait chauffer de l'eau ? Quand le vent est-il utile ? nuisible ?

LA CHALEUR

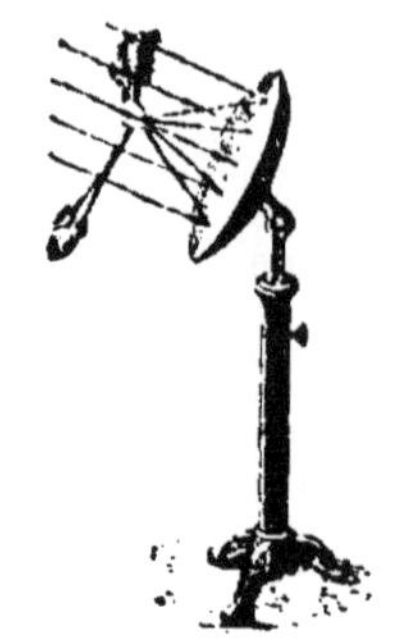

Réflexion de la Chaleur

Réfraction de la Chaleur

Conductibilité des Métaux

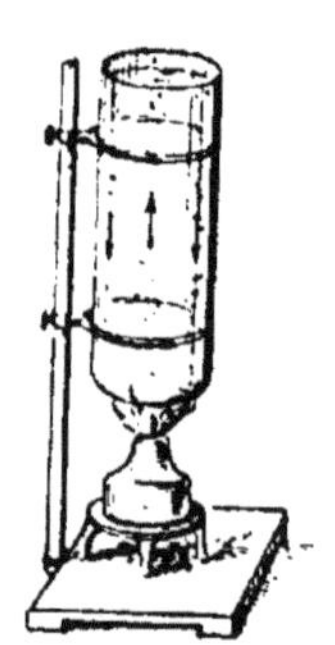

Conductibilité de l'Eau

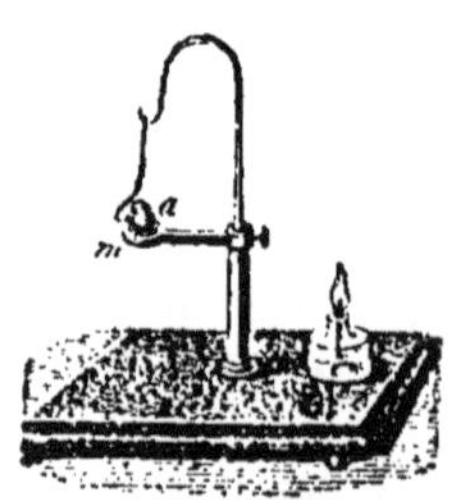

Dilatation de la Chaleur

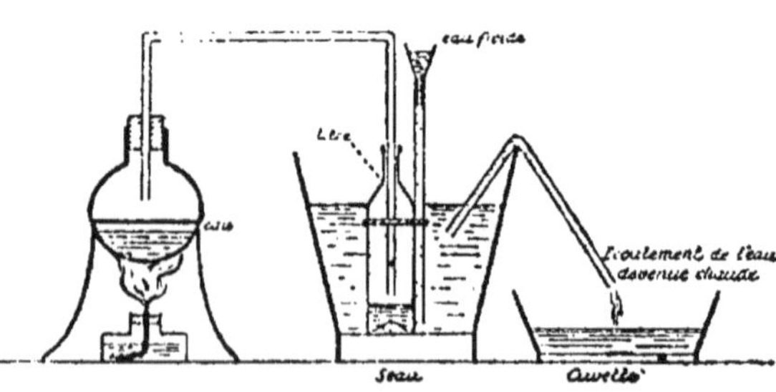

Distillation de l'Eau

20. — Changements d'Etat des Corps

Matériel. — Eau, éther, 2 soucoupes, dé ; — thermomètre ; — lampe, ballon avec tube de dégagement, litre en verre, seau, terrine ; — porte-plume.

Faits d'observation et expériences. — Faire évaporer la même quantité d'éther dans une soucoupe et dans un dé ; faire évaporer en même temps et dans les mêmes conditions une égale quantité d'eau et d'éther.

Constater le froid produit par l'évaporation de l'éther en en mettant un peu sur la main ou sur un thermomètre.

Distiller de l'eau et la recueillir dans un litre en verre plongé dans de l'eau froide.

Mettre quelques gouttes d'eau dans un porte-plume métallique, boucher, puis chauffer pour montrer la force élastique de la vapeur.

PLAN

1. — Fusion et vaporisation ; température.
2. — Liquéfation et solidification.
3. — Changements d'état de l'eau { évaporation : circonstances qui la favorisent. condensation : rosée, brouillard, nuages, pluie. solidification : neige, givre, verglas, glace.
4. — Distillation ; alambic (chaudière, cucurbite, serpentin).
5. — Machine à vapeur (chaudière, piston, tiroir).

RÉSUMÉ

1. — La *chaleur* fait passer les *corps solides* à *l'état liquide* et à *l'état gazeux* en augmentant leur volume.
2. — Le *froid* transforme les vapeurs en liquides et les liquides en solides en diminuant leur volume.
3. — *L'évaporation* de l'eau est favorisée par l'étendue de la surface évaporante, l'élévation de la température et les courants d'air. Sous l'action du froid, la vapeur d'eau se condense et se solidifie en augmentant de volume.
4. — Par la *distillation*, on obtient les liquides à l'état pur et on sépare ceux qui sont mélangés. Elle se fait au moyen de *l'alambic*.
5. — La *force élastique* de la vapeur est utilisée dans les *machines à vapeur*, dont les organes essentiels sont la *chaudière*, le *piston* et le *tiroir*.

Exercices et questions d'intelligence. — Pourquoi la glace flotte-t-elle ? Que signifie l'expression : geler à pierre fendre ? Quelle est l'influence des gelées sur les terres argileuses labourées avant l'hiver ? Pourquoi les vitres se couvrent-elles tantôt de vapeur d'eau, tantôt de givre ? Pourquoi notre haleine est-elle visible en hiver ? Comment la ménagère opère-t-elle pour faire sécher son linge ? Pourquoi ne faut-il pas se placer dans un courant d'air quand on est en sueur ? Comment tient-on fraiche une bouteille de vin ? Le café se refroidit-il également dans une tasse et dans une soucoupe ? Quelle sensation éprouve-t-on en sortant de la rivière où on vient de prendre un bain ?

MACHINES A VAPEUR

Chauffage

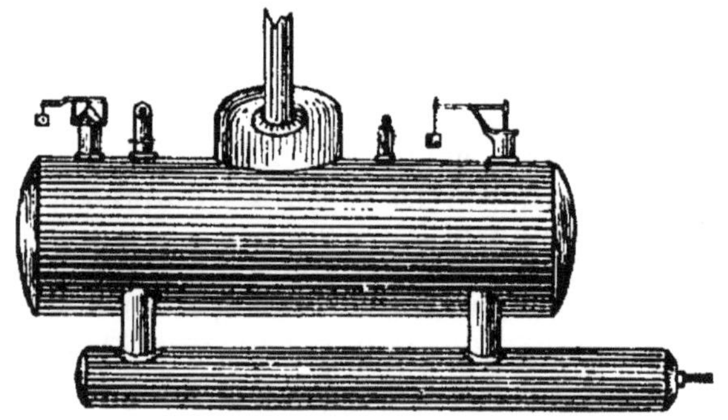

Chaudière de machine fixe

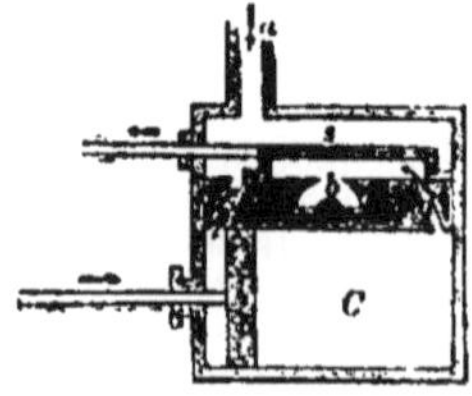

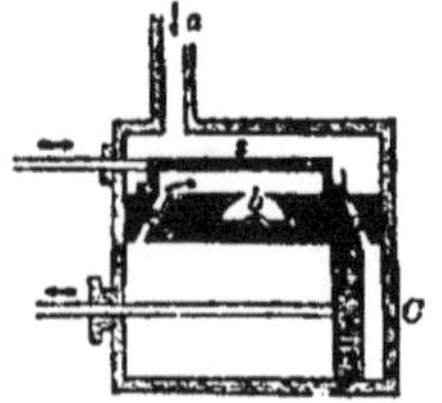

Fonctionnement du tiroir de la machine à vapeur

21. — La Lumière

Matériel. — Miroir; — bougie; — seau ou bocal, eau, bâton; — cuvette, pièce de monnaie; — loupe, ballon; — prisme de verre ou verre taillé; — disque avec les sept couleurs de l'arc-en-ciel; — végétaux qui ont poussé à la cave.

Faits d'observation et expériences. — Recevoir un rayon lumineux sur une surface polie et montrer sa réflexion.

Evaluer l'épaisseur d'une glace en y appliquant l'ongle ou la pointe d'un couteau.

Placer sur un miroir horizontal une bougie allumée pour avoir son image renversée.

Montrer la réfraction au moyen: 1° d'un bâton placé obliquement dans un seau d'eau ou mieux dans un bocal; 2° d'un sou au fond d'une cuvette.

Observer de menus objets avec une loupe ou un ballon plein d'eau.

Regarder la lumière au travers d'un prisme ou d'un morceau de verre taillé.

Faire tourner rapidement un disque contenant les sept couleurs de l'arc-en-ciel.

Apporter de la cave, des plantes qui ont poussé à l'abri de la lumière.

PLAN

1. — La lumière; propagation; vitesse.
2. — Réflexion de la lumière; réflecteurs.
3. — Réfraction de la lumière: lentilles, loupes, lunettes, microscopes, télescopes, lanternes magiques, appareils photographiques.
4. — Composition de la lumière blanche.
5. — Influence de la lumière sur la vie:
   - dangers des lumières trop vives ou trop pâles.
   - destruction des microbes.
   - fonction chlorophyllienne.
   - absence de lumière: étiolement (êtres vivants).

RÉSUMÉ

1. — La *lumière* est un agent qui rend les objets sensibles à la vue. Elle se propage en *ligne droite* en parcourant 80.000 lieues par seconde.

2. — Quand elle rencontre une surface polie, la lumière se *réfléchit* en formant des *images*: c'est le principe des miroirs.

3. — Quand elle passe d'un milieu dans un autre, la lumière se *réfracte*, c'est-à-dire qu'elle change de direction. La concentration des rayons lumineux au même point par les lentilles trouve son application dans les *loupes, lunettes, microscopes*, etc.

4. — La lumière blanche est composée de sept couleurs principales: *violet, indigo, bleu, vert, jaune, orangé, rouge*. L'arc-en-ciel est un phénomène de décomposition de la lumière solaire.

5. — La lumière est indispensable à notre santé. Elle joue aussi un grand rôle dans la nutrition des plantes.

Exercices et questions d'intelligence. — Qu'appelle-t-on corps transparents, translucides, opaques? Pourquoi un arbre, une maison se voient-ils renversés dans l'eau? Pourquoi ne peut-on voir une lumière si on la regarde dans un tube coudé? Voyons-nous le poisson dans la rivière à sa place véritable? Où faudrait-il viser si on voulait le tuer? De quel côté se dirigent les branches des plantes placées à l'intérieur près de la fenêtre? Pourquoi les pommes situées sur le pourtour d'un arbre sont-elles plus colorées que celles de l'intérieur?

PROPAGATION DE LA LUMIÈRE

La lumière se propage en ligne droite.

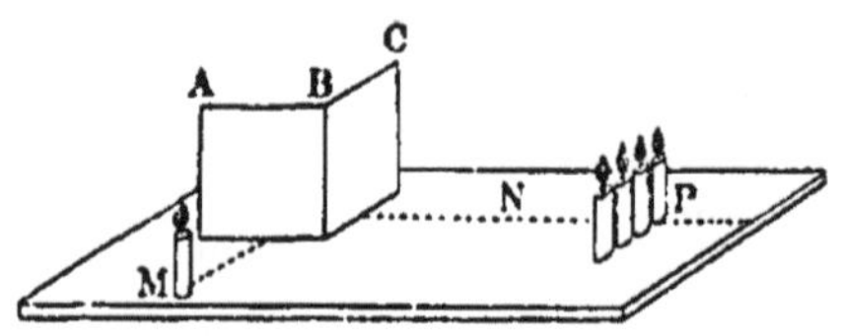

Une bougie à un mètre éclaire autant que 4 bougies à 2 mètres.

La lumière change de direction quand elle passe d'un milieu dans un autre, de l'air dans l'eau par exemple.

Quand elle rencontre un corps opaque, la lumière est renvoyée en avant ; si la surface est bien polie, il se forme une image.

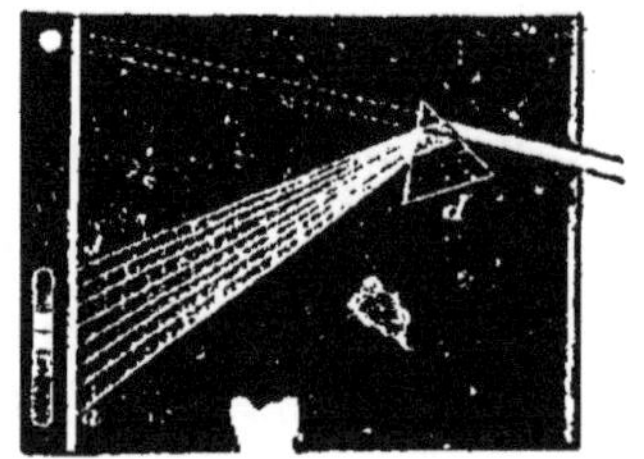

La lumière du jour est formée d'un mélange de lumières de différentes couleurs. En traversant un prisme, elle se décompose et on obtient une gamme de couleurs comme dans l'arc-en-ciel.

Instruments d'optique

Loupe

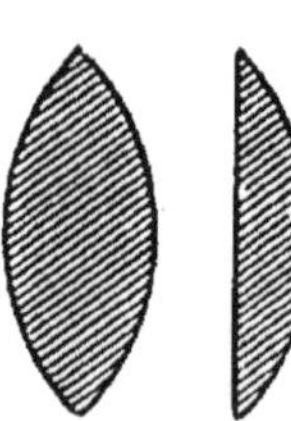

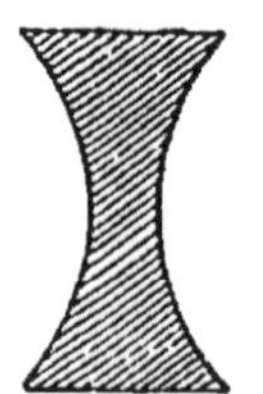

Convexes (presbytes)

Concaves (myopes)

Lentilles

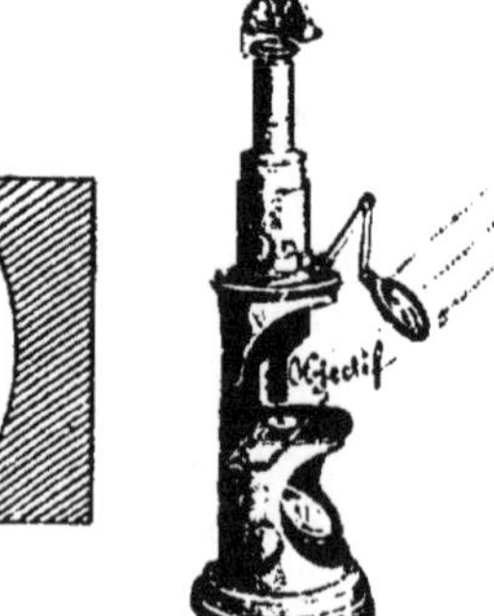

Microscope

22. — L'Éclairage

Matériel. — Lampe à alcool, fusain ou crayon Conté; — bougie, feuille de papier; — lampe à pétrole ; — huile, pétrole ; — allumettes ; — lampe à essence, veilleuse, lanterne, bec à papillon, manchon Auer, ampoule électrique, carbure de calcium.

Faits d'observation et expériences. — Rendre plus éclairante une flamme pâle d'alcool en grattant au-dessus d'elle un crayon à mine de charbon, ou bien en secouant par-dessus le torchon du tableau noir.

Tenir une feuille de papier horizontalement près de la mèche d'une bougie allumée et constater que la partie qui se carbonise d'abord a la forme d'une couronne dont le centre ne brûle qu'en dernier lieu.

Faire brûler une lampe à pétrole sans son verre, puis avec son verre.

Constater que des taches d'huile minérale disparaissent sous l'action du feu et qu'il n'en est pas de même avec de l'huile végétale.

Se rendre compte que le pétrole de bonne qualité ne prend pas feu quand on y projette une allumette enflammée.

PLAN

1. — Sources de lumières	corps lumineux : soleil, lampes. corps éclairés : lune, air, objets environnants.
2. — Parties de la flamme d'une bougie	bleue : combustion de l'oxyde de carbone. claire : combustion complète (très chaude). éclairante : particules de charbon incandescentes. sombre : partie la plus froide.
3. — L'éclairage autrefois	torches, chandelles, lampes simples à huile végétale.
4. — L'éclairage aujourd'hui	lampes perfectionnées ou à pétrole, gaz d'éclairage, acétylène, électricité.
5. — Qualités d'une bonne lampe à pétrole.	

RÉSUMÉ

1\. — Les corps sont *lumineux* par leur propre lumière ou par celle qu'ils reçoivent et qu'ils renvoient.

2\. — La flamme est éclairante parce que les poussières qu'elle renferme sont portées à l'incandescence.

3\. — Autrefois on s'éclairait au moyen de *torches*, de *chandelles*, de *lampes simples* qui donnaient peu de lumière et beaucoup de fumée.

4\. — On se sert aujourd'hui de *bougies*, de *lampes à pétrole*, du *gaz d'éclairage*, de l'*acétylène*, de l'*électricité*. Le mode d'éclairage le plus sain est l'éclairage électrique, mais il est le plus coûteux.

5\. — La meilleure lampe est une *lampe massive*, à large base, alimentée de bon *pétrole* et munie d'un abat-jour opaque et d'un verre très propre.

Exercices et questions d'intelligence. — Comment l'huile d'une lampe monte-t-elle dans la mèche ? Pourquoi la flamme de l'hydrogène et celle de l'alcool sont-elles peu éclairantes ? Pourquoi la bougie s'éteint-elle quand on souffle dessus tandis qu'au contraire le feu du foyer se ranime ? Quelles précautions doit-on prendre avec le pétrole et l'essence ? Comment éteint-on le pétrole enflammé ? Est-il à désirer que le gaz d'éclairage soit rendu inodore ? Quand se sert-on d'une veilleuse ? d'une lanterne ?

ÉCLAIRAGE

Zone chaude.....
Zone éclairante...
Zone sombre.....
Zone bleue.......

Bougie et sa flamme

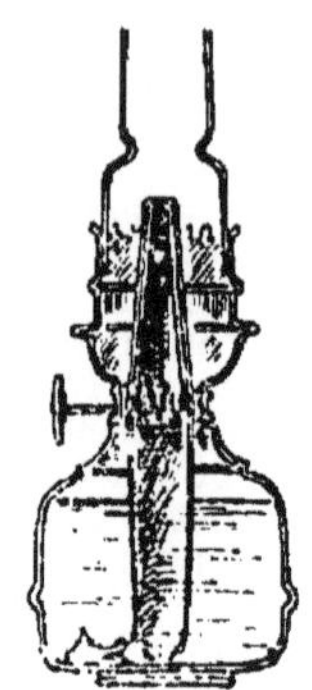

Lampe

USINE A GAZ

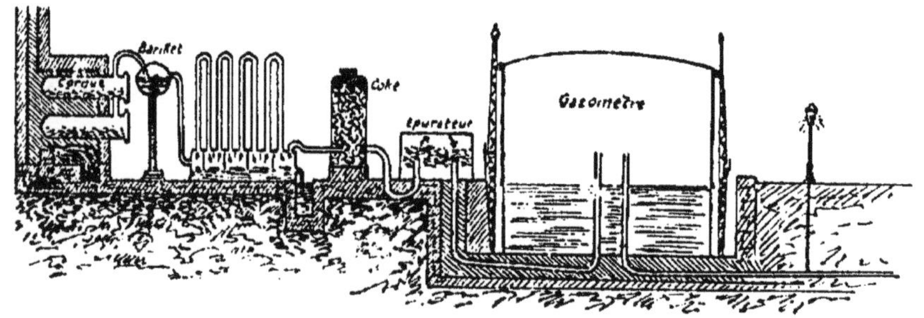

ÉCLAIRAGE ÉLECTRIQUE

Lampe à incandescence

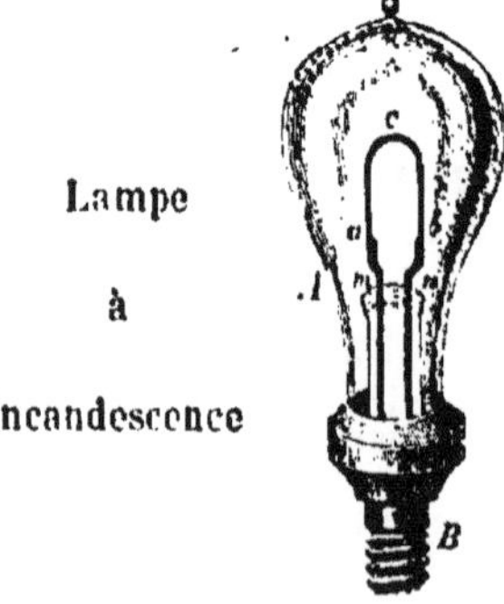

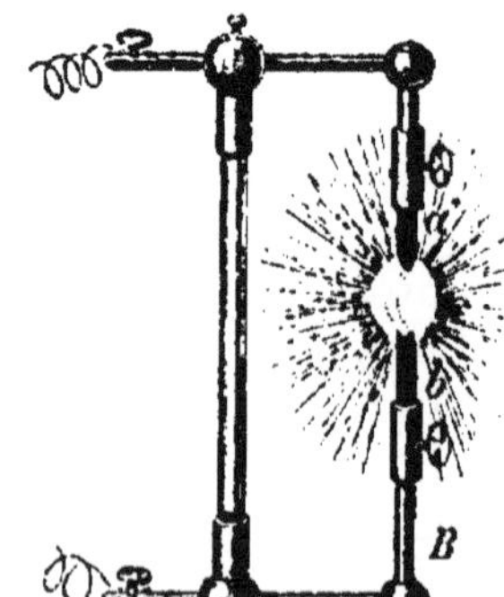

Lampe à arc

23. — Le Soufre

Matériel. — Soufre en canon et en fleur; — flacon, eau; — allumettes; — violette, rose ou taches de vin; — acide sulfurique, paille, sucre; — plâtre, coupe rose bleue, couperose verte.

Faits d'observation et expériences. — Examiner du soufre en canon, du soufre en fleur.

Constater les craquements du soufre quand on le chauffe avec la main.

Se rendre compte qu'il est plus lourd que l'eau et qu'il ne s'y dissout pas.

Eteindre une allumette enflammée dans un flacon où brûle du soufre.

Décolorer une violette ou une rose, enlever des taches de vin au moyen de vapeurs d'acide sulfureux.

Tremper des allumettes, des fragments de paille, du sucre dans l'acide sulfurique pour les carboniser.

PLAN

1. — Le soufre: propriétés, extraction (distillation, raffinage).
2. — Usages { allumettes, poudre, scellement, empreinte des médailles, destruction de l'oïdium, pommades soufrées, préparation de l'acide sulfureux, de l'acide sulfurique, du sulfure de carbone.
3. — L'acide sulfureux { propriétés: incolore, impropre à la combustion, à la respiration, désinfectant, décolorant. usages: feux de cheminée, gale, blanchiment (laine, soie).
4. — L'acide sulfurique: propriétés, usages.
5. — Les sulfates: sulfates de chaux (plâtre), de cuivre (couperose bleue), de fer (couperose verte).

RÉSUMÉ

1. — Le *soufre* est un corps solide, jaune, qui se trouve dans la terre aux environs des volcans Il fond et s'enflamme facilement.
2. — On l'utilise pour fabriquer les allumettes et la poudre de chasse, pour combattre l'oïdium et pour traiter certaines maladies de la peau et de la gorge.
3. — En brûlant, le soufre produit de l'*acide sulfureux*, gaz impropre à la respiration et à la combustion. C'est aussi un décolorant et un désinfectant.
4. — L'*acide sulfurique* ou *huile de vitriol* est un liquide très avide d'eau et très dangereux à manier. Il attaque la plupart des corps et a de nombreuses applications.
5. — Le *plâtre* est utilisé dans les constructions et en agriculture. Avec le *sulfate de cuivre*, on combat la carie du blé et le mildiou de la vigne. Le *sulfate de fer* est un désinfectant que l'on emploie aussi pour détruire la cuscute, la mousse.

Exercices et questions d'intelligence. — Pourquoi élève-t-on une allumette au-dessus de sa tête quand on l'allume? Pourquoi le soufre brûlé éteint-il les feux de cheminée? Pourquoi mèche-t-on les tonneaux? Pourquoi l'eau s'échauffe-t-elle quand on y verse de l'acide sulfurique? Pourquoi dit-on que l'on peut juger de la prospérité industrielle d'un pays par la quantité d'acide sulfurique qu'on y emploie? Comment prépare-t-on le plâtre? Quel est son effet sur les prairies artificielles.

24. — Le Phosphore

Matériel. — Allumettes ; — os calcinés à l'air libre, os calcinés en vase clos, phosphates divers.

Faits d'observation et expériences. — Détacher avec précaution la pâte phosphorée des allumettes et faire constater les vapeurs blanches d'acide phosphorique.

Examiner des os calcinés à l'air libre et en vase clos, des phosphates de chaux, des superphosphates, des scories de déphosphoration.

PLAN

1. — Le phosphore : extraction, propriétés, dangers.
2. — Rôle dans la nature.
3. — Composés du phosphore { acide phosphorique, phosphates, hydrogène phosphoré (feux follets).
4. — Usages : allumettes (chimiques, stéariques) ; mort-aux-rats.
5. — Engrais phosphatés { phosphates naturels (coquins), superphosphates, scories de déphosphoration, os broyés, noir animal.

RÉSUMÉ

1. — Le *phosphore* est un corps solide, légèrement jaune, lumineux dans l'obscurité, insoluble dans l'eau où on le conserve. C'est un *poison* violent, très dangereux à manier.

2. — Tous les êtres vivants contiennent du phosphore. Il existe principalement dans les os d'où on l'extrait, mais on le trouve aussi dans l'urine, dans la matière cérébrale, dans les grains.

3. — Il produit en brûlant de l'*acide phosphorique* gazeux. Combiné avec l'hydrogène, il donne naissance à un gaz qui forme les *feux follets*.

4. — Il sert à faire les *allumettes chimiques* en le mélangeant avec du sable fin, une matière colorante et de la colle. Il entre aussi dans la composition de la *mort-aux-rats*.

5. — Le phosphore fait partie des engrais *phosphatés*, tels que les *phosphates naturels*, les *superphosphates* et les *scories de déphosphoration*.

Exercices et questions d'intelligence. — Pourquoi ne doit-on pas mettre d'allumettes dans sa bouche ? Pourquoi faut-il les éloigner des substances inflammables ? Qu'est-ce que la trace lumineuse qu'elles laissent la nuit quand on les frotte ? Pourquoi sont-elles trempées dans un bain de soufre fondu avant d'être enduites d'une pâte phosphorée ? Faut-il avoir peur des feux follets que l'on aperçoit principalement dans les cimetières ? Pourquoi fuient-ils la personne qui les approche et suivent-ils celle qui les fuit ? A quoi est due la lumière du ver luisant ? des noctiluques de la mer ?

25. — Le Chlore

Matériel. — Verre, eau de Javel, chlorure de chaux, acide sulfurique ; — sel marin, assiette ; — acide chlorhydrique, sou ; — chlorure de potassium.

Faits d'observation et expériences. — Verser quelques gouttes d'acide sulfurique sur de l'eau de Javel ou sur du chlorure de chaux pour provoquer un dégagement de chlore.
Enlever des taches d'encre avec de l'eau de Javel.
Examiner des cristaux de sel marin (trémie).
Faire cristalliser du sel marin sur une assiette.
Mettre un sou oxydé dans de l'acide chlorhydrique étendu d'eau.

PLAN

1. — Le chlore ; propriétés.
2. — Acide chlorhydrique ou esprit de sel.
3. — Chlorures de { sodium : sel marin. / potassium : engrais. / chaux : décolorant (papier, toile), désinfectant. / mercure : calomel (vomitif), sublimé corrosif (antiseptique).
4. — Le sel marin ; extraction ; cristallisation.
5. — Usages. { alimentation des hommes, des animaux. / conservation des viandes, des légumes, du beurre. / amélioration des fourrages. / fabrication de l'acide chlorhydrique, de la soude, du verre.

RÉSUMÉ

1. — Le *chlore* est un gaz verdâtre, irrespirable, ayant beaucoup d'affinité pour l'hydrogène. C'est un *décolorant* et un *désinfectant.*
2. — L'*acide chlorhydrique* est un gaz très soluble dans l'eau. On l'emploie pour décaper les métaux, pour fabriquer le chlore et les chlorures.
3. — Les principaux *chlorures* sont : le *chlorure de sodium* ou sel marin, le *chlorure de potassium* employé comme engrais ; le *chlorure de chaux* et l'*eau de Javel* utilisés comme décolorants et comme désinfectants.
4. — Le *sel marin* se retire des mines de sel gemme, des sources salées et des marais salants.
5. — C'est un *aliment* pour l'homme et les animaux et un excellent *antiseptique.*

Exercices et questions d'intelligence. — Pourquoi y a-t-il des sources salées ? Pourquoi les cristaux de sel marin crépitent-ils quand on les jette au feu ? Pourquoi tient-on la boîte à sel sous le manteau de la cheminée ? Pourquoi la chair des animaux qui pâturent les prairies au bord de la mer est-elle recherchée ? L'usage prolongé de la viande salée n'est-il pas dangereux ? Pourquoi faut-il éviter de manger des aliments salés quand on vient de se purger avec du calomel ?

26. — La Potasse, la Soude

Matériel. — Ballon, cendres, eau, papier buvard, tournesol rougi ; — verres, huile, cristaux de soude, sel marin ; — savon, sels de potasse et de soude.

Faits d'observation et expériences. — Faire bouillir un mélange d'eau et de cendres, filtrer et constater que le liquide obtenu contient une base qui bleuit le tournesol faiblement rougi.

En faisant évaporer le liquide filtré, on obtient de la potasse de commerce sous forme d'un résidu grisâtre.

Faire du savon en mélangeant de l'huile avec une dissolution concentrée de carbonate de soude, séparer le savon de la lessive en jetant un peu de sel marin dans le liquide, les grumeaux de savon viennent se rassembler à la surface.

PLAN

1. — Propriétés de la potasse et de la soude.
2. — Fabrication des potasses et des soudes du commerce.
3. — Usages des sels de potasse et de soude.
4. — Les lessives à la campagne.
5. — Savons durs et savons mous.

RÉSUMÉ

1. — La *potasse* et la *soude* sont des corps blancs très caustiques et très solubles dans l'eau. Les potasses les soudes du commerce sont des carbonates impurs.

2. — La *potasse du commerce* s'extrait des cendres et des végétaux terrestres et la *soude du commerce* de celles des végétaux marins. On fabrique aussi avec le sel marin des *soudes artificielles* connues sous le nom de *cristaux*.

3. — Les potasses et les soudes du commerce entrent dans la fabrication du *verre* et des *savons*. Les sels de potasse et le nitrate de soude sont employés comme *engrais*.

4. — A la campagne, les cendres de bois et les cristaux de soude servent à faire des *lessives* pour blanchir le linge.

5. — Les *huiles*, traitées par les potasses ou par les soudes du commerce, donnent des *savons mous* ou des *savons durs* qui ont tous la propriété de dissoudre les substances grasses.

Exercices et questions d'intelligence. — Pourquoi le savon préparé avec un corps gras détache-t-il les vêtements graisseux ? Pourquoi la potasse et la soude sont-elles employées sous forme de savons et non pas pures ? Que renferme l'eau qui ne dissout pas le savon ? A quoi sert l'azotate de potasse ou salpêtre ? Quel est l'engrais potassique le plus répandu ?

27. — La Chaux, le Plâtre

Matériel. — Craie, soucoupe, eau; — chaux vive, flacon, buvard, entonnoir; — sable; — cendres, acide; — gypse, plâtre.

Exercices et questions d'intelligence. — Faire rougir des morceaux de craie dans un poêle pour les transformer en chaux vive; éteindre cette chaux en versant lentement de l'eau sur elle.
Préparer de l'eau de chaux, filtrer et décanter.
Préparer du mortier et constater qu'il durcit à l'air.
Constater qu'il y a du calcaire dans les cendres à l'aide d'un acide et conclure que les végétaux ont besoin de chaux.

PLAN

1. — Propriétés de la chaux.
2. — Préparation; sortes.
3. — Usages
   - industrie
     - mortier (rôle de l'acide carbonique).
     - ciment (30 à 60 % d'argile).
     - béton (cailloux et chaux hydraulique).
     - sucrerie (clarification des sirops).
   - agriculture
     - engrais et amendement.
     - chaulage des semences, des arbres.
     - bouillie bordelaise (mildiou).
   - hygiène: blanchiment, désinfection.
4. — Plâtre: préparation, propriétés.
5. — Usages du plâtre
   - construction (enduits).
   - moulage, empreinte des médailles.
   - fabrication du stuc (colle-forte, oxyde métallique).
   - plâtrage des prairies artificielles.

RÉSUMÉ

1. — La *chaux* est un corps blanc, caustique, très avide d'eau.
2. — Elle se prépare par la calcination des calcaires dans des *fours intermittents* ou *continus*. Elle est *grasse* ou *maigre*, *vive* ou *éteinte*, *aérienne* ou *hydraulique*.
3. — On emploie la chaux pour *blanchir* et *assainir* les murs, pour faire les *mortiers* et les *ciments*, pour *chauler* les champs et les arbres.
4. — Le *plâtre* ou sulfate de chaux se prépare en chauffant le *gypse* qui abandonne son eau; gâché, il durcit rapidement et augmente légèrement de volume.
5. — Il est employé dans les *constructions*, dans le *moulage* des statues et en agriculture pour favoriser le développement de certaines prairies artificielles.

Exercices et questions d'intelligence. — La chaux que l'on fait rougir dans un poêle augmente-t-elle ou diminue-t-elle de poids? Pourquoi? Pourquoi le mortier durcit-il? Quel rôle joue le sable dans le mortier? Pourquoi le plâtre ne s'emploie-t-il qu'à l'intérieur des édifices? Les ouvriers disent habituellement « le plâtre n'attend pas », qu'est-ce que cela veut dire? Comment appelle-t-on les eaux qui renferment du plâtre en dissolution? Comment les reconnaît-on? Qui a préconisé l'usage du plâtre sur les prairies artificielles? Comment conserve-t-on la chaux, le ciment, le plâtre?

28. — L'Argile, les Poteries

Matériel. — Divers échantillons d'argile, acide sulfurique ; — un morceau de tuile, un pot à fleurs.

Faits d'observation et expériences. — Constater que l'argile est facile à rayer, qu'elle happe à la langue, qu'elle ne fait pas effervescence avec les acides.
Constater la porosité de l'argile cuite et l'imperméabilité de l'argile non cuite.
Remarquer que certaines argiles sont réfractaires (creusets, hauts fourneaux, revêtement des parois intérieures des poêles).

PLAN

1. — Caractères de l'argile.
2. — Tuiles, briques
   - mise en pâte.
   - moulage.
   - séchage.
   - cuisson.
3. — Poteries
   - fabrication : mise en pâte, façonnage, mise en glaçage, cuisson, décoration.
   - sortes
     - communes (pots, plats en terre, etc).
     - faïences (assiettes, plats, bols, poêles, etc).
     - porcelaines (vases, lampes, etc).
4. — Substances dégraissantes ou antiplastiques : sable, quartz, feldspath.
5. — Cuissons.

RÉSUMÉ

1. — L'*argile* est une substance douce au toucher, facile à rayer. Elle happe à la langue et forme avec l'eau une pâte liante qui durcit et se contracte au feu.

2. — Les *tuiles* et les *briques* sont faites à la main ou à la machine avec de l'*argile ordinaire* (*terre glaise*) et cuites dans des fours spéciaux.

3. — Les *poteries communes* et les *faïences* sont faites avec de l'argile plus fine (*argile plastique*) ; les *porcelaines* sont fabriquées avec de l'*argile pure* (*kaolin*). Les unes et les autres sont façonnées au moule ou au tour.

4. — Pour que la pâte des poteries ne se fendille pas pendant la *cuisson*, on ajoute une *substance dégraissante* (sable) à l'argile humide.

5. — Les poteries sont d'abord cuites une première fois (*dégourdi*), puis revêtues d'un enduit imperméable (*couverte* ou *glaçure*) et cuites une seconde fois. On décore souvent la faïence et la porcelaine avec des couleurs *vitrifiables*.

Exercices et questions d'intelligence. — Pourquoi l'argile est-elle diversement colorée en jaune, en rouge, en gris? Quel rapport y a-t-il entre la qualité des poteries et la nature de l'argile? La tranche d'un morceau de faïence a-t-elle le même aspect que celle d'un morceau de porcelaine? Pourquoi? Pourquoi dit-on que la porcelaine est *translucide*? Quelles sont les principales fabriques de faïences? Quelles sont les porcelaines les plus renommées?

29. — Le Sable et le Verre

Matériel — Sables divers; — tube en verre, lampe à alcool; — morceau de verre à vitre; — verre à boire, verre en cristal; — bobèche ou plateau en verre; — lentille en verre, miroir, objets émaillés.

Faits d'observation et expériences. — Chauffer un tube de verre et le plier.
Remarquer la couleur de la tranche du verre à vitre.
Constater que le cristal est plus sonore que le verre ordinaire.
Constater la dureté du verre trempé des bobèches
Examiner l'émail (sorte de cristal rendu opaque par l'étain ou le phosphate de chaux) qui recouvre certains objets.

PLAN

1. — Le sable : définition, origine, provenance.

2. — Usages { Sablage des allées, des cours. / Moulage des objets en métal. / Fabrication des mortiers, poteries, verres et cristaux.

3. — Le verre : définition, propriétés, usages.

4. — Sortes { Verre à bouteilles : sable, cendres, argile. / Verre à vitre : silice, chaux, soude. / Verre fin : silice, chaux, potasse. / Cristal : silice, potasse, plomb.

5. — Fabrication : soufflage, moulage, coulage, recuit.

RÉSUMÉ

1. — Le *sable* est une poudre minérale dont les grains de grosseur variable proviennent de la désagrégation des *roches siliceuses*. On le trouve dans le *sol*, dans les *cours d'eau*, sur le bord de la *mer*.

2. — On l'emploie pour sabler les *allées* et les *cours*, pour fabriquer les *mortiers*, les *poteries*, le *verre* et le *cristal*. On en fait aussi des *moules* pour couler des objets en métal.

3. — Le verre est un corps *transparent*, *dur* et *cassant*, que l'on travaille facilement sous l'action de la chaleur.

4. — On l'obtient en fondant un mélange de *sable* et de deux bases : *chaux* et *soude* pour le verre à vitre, *chaux* et *potasse* pour le verre fin, *potasse* et *plomb* pour le cristal.

5 — Les objets en verre se font par *soufflage*, *moulage* et *coulage*. Ils sont rendus moins cassants par le *recuit*.

Exercices et questions d'intelligence. — Avant l'extension de l'usage du verre, qu'est-ce qui tenait lieu de vitre? de miroirs? Comment les sauvages estiment-ils les menus objets en verre? Avec quoi sont faites les fausses perles? Comment les vitriers coupent-ils le verre?

30. — Les Métaux

Matériel. — Echantillons divers de minerais, de métaux.

Faits d'observation. — Examiner les échantillons de minerais, de métaux du musée.
Remarquer la rouille du fer, le vert-de-gris du cuivre, la mince couche d'oxyde qui recouvre le zinc, l'étain, le plomb.

PLAN

1. — Caractères des métaux { état, éclat, fusibilité, ductilité, malléabilité, conductibilité, (chaleur, électricité), altération.
2. — Etat naturel : état natif, minerais
3. — Préparation { broyages. lavages. grillages. désoxydation.
4. — Moyens de prévenir l'oxydation { graissage. peinture. émaillage. étamage. galvanisation. nickelage.
5. — Classification : métaux précieux, métaux usuels.

RÉSUMÉ

1. — Les *métaux* sont des *corps simples*, doués de l'*éclat métallique* et *bons conducteurs* de la chaleur et de l'électricité. Ils sont *fusibles, malléables, ductiles* à divers degrés et s'*oxydent* pour la plupart.

2. — On les trouve dans la terre soit à l'*état natif* soit à l'état de *minerais*.

3. — On débarrasse le *minerai* de la *gangue* au moyen de *broyages*, de *lavages* ou de *grillages* et on le traite ensuite par le *charbon* à une température élevée.

4. — On prévient l'*oxydation* des métaux en les recouvrant de *graisse*, de *peinture*, d'*émail* ou d'un métal moins oxydable (étain, zinc, nickel).

5. — Les plus répandus et les plus employés sont appelés *métaux usuels* (fer, zinc, étain, cuivre, plomb) ; les plus rares et les plus chers sont appelés *métaux précieux* (or, argent, platine).

Exercices et questions d'intelligence. — Quel est le métal liquide ? Quel est le plus dense ? le plus léger ? Pourquoi étame-t-on l'intérieur des casseroles de cuivre et de fer ? Pourquoi trouve-t-on de l'or dans la terre à l'état de métal pur ? Y a-t-il du danger de mettre un sou dans sa bouche ?

31. — Le Fer, la Fonte, l'Acier

Matériel. — Minerais de fer, échantillons de fonte, de fer, d'acier. Epingle, ressort de montre.

Faits d'observation. — Examiner du fer brillant et du fer rouillé, du fer étamé, du fer galvanisé.

Remarquer la différence d'élasticité entre une épingle et un ressort de montre.

PLAN

1. — Caractères du fer : couleur, ductilité, malléabilité, fusibilité, oxydation.
2. — Fonte : préparation, propriétés.
3. — Affinage du fer : four à pudler, marteau-pilon.
4. — Usages du fer { fer en barres, en feuilles, en fils. fer-blanc ou étamé (étain). fer galvanisé (zinc).
5. — Acier : fabrication, qualités.

RÉSUMÉ

1. — Le *fer* est un métal grisâtre qui se ramollit au feu et *fond* vers 1500 degrés. Il se *rouille* facilement.
2. — Le *minerai de fer*, fondu dans des *hauts fourneaux* avec de la houille et du calcaire, donne de la *fonte* contenant de 2 à 5 °/₀ de carbone. La fonte se *moule* facilement, mais elle est *cassante*.
3. — Pour obtenir le *fer*, on débarrasse la fonte de son carbone dans des *fours à pudler* et on enlève les dernières impuretés au moyen du *marteau-pilon*.
4. — Le *fer* est le plus utile des métaux. L'industrie le fournit sous forme de *barres*, de *feuilles*, de *fils* ; elle fabrique aussi le *fer-blanc* et le *fer galvanisé* qui sont inoxydables.
5. — En carburant le fer ou en décarburant la fonte, on obtient *l'acier* qui contient de 1 à 2 °/₀ de carbone. Par la *trempe*, il devient plus dur et plus élastique, mais aussi plus cassant.

Exercices et questions d'intelligence. — Le fer est-il aussi précieux que l'or ? Pourquoi ne se trouve-t-il pas dans la terre à l'état de métal pur ? Pourquoi peut-on plier une épingle et non pas une aiguille ? Que deviennent à l'air humide un fil de fer pur et un fil de fer galvanisé ? Pourquoi les poêles en fonte rouillent-ils dans une chambre non habitée ? Quand le médecin prescrit-il aux malades des remèdes ferrugineux ? Peut-on souder des objets en fonte ?

FABRICATION DE LA FONTE & DE L'ACIER

Hauts fourneaux dans la région de Nancy.

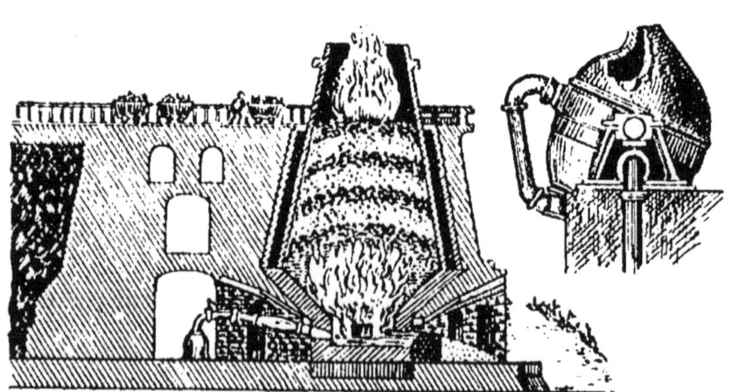

Coupe d'un haut fourneau.

Convertisseur
pour la fabrication de l'acier.

32. — Autres Métaux et Alliages

Matériel. — Echantillons des métaux et des alliages étudiés dans la leçon : couverts et mesures en étain, feuilles d'étain enveloppant le chocolat, balle de plomb, chaîne en nickel, monnaies (or, argent, nickel, bronze), fil de laiton, thermomètre à mercure, fragment de miroir ou de glace ; cuiller en fer.

Faits d'observation et expériences. — Courber un morceau d'étain et remarquer le craquement qui se produit (cri de l'étain).
Tordre du plomb et le faire fondre dans une cuiller en fer.
Examiner du cuivre oxydé (vert-de-gris).
Examiner un thermomètre à mercure.
Examiner le tain ou l'argenture d'un fragment de miroir, de glace.

PLAN

1. — Etain, plomb : propriétés, usages.
2. — Cuivre, zinc : propriétés, usages.
3. — Nickel, aluminium, mercure : propriétés, usages.
4. — Or, argent, platine : propriétés, usages.
5. — Alliages
   - laiton : cuivre, zinc.
   - bronze : cuivre, étain.
   - bronze d'aluminium : cuivre, aluminium.
   - monnaies, bijoux : cuivre et or ; cuivre et argent.
   - maillechort : cuivre, zinc, nickel.

RÉSUMÉ

1. — L'*étain*, peu oxydable, est surtout employé pour étamer. Le *plomb*, dont les composés sont vénéneux, est utilisé pour faire des balles, des tuyaux de conduite, etc.

2. — Le *cuivre*, très oxydable, sert à fabriquer des ustensiles de cuisine qu'il est bon d'étamer. Le *zinc* s'altère peu et s'emploie pour couvrir les maisons, faire des seaux, etc.

3. — Le *nickel*, peu altérable, est utilisé pour préserver les autres métaux de l'oxydation. L'*aluminium*, très léger et inaltérable, sert à faire des ustensiles de cuisine, des pièces de machines, etc. Le *mercure*, liquide à la température ordinaire, dégage constamment des vapeurs dangereuses.

4. — L'*or* et l'*argent*, inoxydables à l'air, sont employés dans la dorure et l'argenture et dans la fabrication des monnaies, des bijoux. Le *platine*, très lourd et peu fusible, sert à faire des creusets, des alambics, etc.

5. — Plusieurs métaux fondus ensemble forment un *alliage* généralement plus dur et moins oxydable que les composants. Les principaux sont : le *laiton*, le *bronze*, le *maillechort*, l'alliage des *monnaies* et des *bijoux*.

Exercices et questions d'intelligence. — Pourquoi enveloppe-t-on certains aliments avec des feuilles d'étain ? Pourquoi les bassinoires, les fils télégraphiques sont-ils en cuivre ? Pourquoi la pointe des paratonnerres est-elle en platine ? Pourquoi le mercure est-il appelé *vif-argent* ? Pourquoi couvre-t-on de poussière de charbon les métaux qu'on fait fondre ensemble pour en obtenir un alliage ? La composition des bijoux en or et en argent n'est-elle pas garantie ?

CHAPITRE II

Trimestre d'Hiver

L'Homme et les Animaux

33. — La Digestion

Matériel. — Farine, verre, eau ; — noix ou noisette, feuille de papier ; 2 morceaux de sucre égaux, 2 verres contenant de l'eau ; — Gravures représentant les organes de la digestion.

Faits d'observation et expériences. — Extraire le gluten de la farine en trempant une boule de pâte dans l'eau un grand nombre de fois.

Écraser une noix ou une noisette et la comprimer sur une feuille de papier pour produire une tache de graisse.

Montrer que, de 2 morceaux de sucre dont l'un est écrasé et l'autre intact, le premier se dissout plus vite que le second.

Examiner les organes du canal digestif à l'aide de gravures.

Examiner les dents et distinguer les différentes sortes : incisives, canines, molaires.

PLAN

1. — Nécessité des aliments.

2. — Sortes d'aliments
- féculents (sucre, fécule, amidon).
- azotés (viande, fromage, blanc d'œuf).
- gras (huile, beurre, graisse).
- complets (lait, œuf) ou incomplets (bouillon, sucre).
- solides (pain, viande) ou liquides (lait, bouillon).

3. — But de la digestion ; appareil digestif.

4. — Digestion
- buccale : action des dents et de la salive.
- stomacale : action du suc gastrique (chyme).
- intestinale : action de la bile et du suc pancréatique (chyle).

5. — Absorption : vaisseaux chylifères.

RÉSUMÉ

1. — L'homme a besoin *d'aliments* pour développer et entretenir son corps.

2. — Les aliments peuvent être *féculents*, *azotés* ou *gras*. Ils sont aussi *complets* ou *incomplets*, *solides* ou *liquides*.

3. — La *disgestion* a pour but d'extraire les principes nutritifs des aliments et de les incorporer au sang. Ce travail s'exécute dans le *canal digestif* composé de la *bouche*, de *l'œsophage*, de *l'estomac*, de *l'intestin grêle* et du *gros intestin*.

4. — La *salive* digère les aliments féculents ; le *suc gastrique*, les aliments azotés ; la *bile* et le *suc pancréatique* dissolvent les matières grasses et achèvent la digestion.

5. — La partie assimilable, *le chyle*, filtre à travers les parois de l'intestin pour se rendre dans le sang, tandis que la partie non utilisée est rejetée au dehors.

Exercices et questions d'intelligence. — Avez-vous le même nombre de dents que votre papa ou votre maman ? Quel est le rôle de chaque espèce de dents ? Quel goût prend la mie de pain quand on la mâche longtemps ? Pourquoi les petits enfants se contentent-ils d'une seule espèce d'aliments ? Pourrait-on nourrir un chien rien qu'avec de la viande ?

34. — Hygiène de la Digestion

Matériel. — Echantillons d'aliments conservés; — une brosse à dents, dents cariées.

Faits d'observation. — Examiner des aliments conservés par salaison, fumaison, ébullition, dessication.

Examiner une brosse à dents, des dents cariées.

Indispositions des organes digestifs : estomac (indigestion, gastralgie, dyspepsie, cancer), intestins (coliques, constipation, diarrhée, entérite, appendicite), foie (coliques hépatiques, jaunisse).

PLAN

1. — Choix, conservation, préparation des aliments.
2. — Règles hygiéniques.
3. — Soins aux dents.
4. — Boissons.
5. — Empoisonnements.

RÉSUMÉ

1. — Les *aliments* doivent être *sains*, *variés* et *bien préparés*. La viande insuffisamment cuite et le lait non bouilli peuvent être dangereux.

2. — Il faut manger *lentement*, *modérément*, à des *heures régulières* et prendre *un peu d'exercice* après le repas.

3. — On doit tenir constamment les *dents* en bon état et éviter tout ce qui pourrait faire éclater *l'émail*.

4. — *L'eau* est la meilleure des boissons. Les *boissons fermentées* peuvent être employées modérément, mais les *boissons distillées* sont toujours nuisibles.

5. — En cas *d'empoisonnement*, on provoque des *vomissements* et on administre comme *contre-poisons* du lait ou du blanc d'œuf.

Exercices et questions d'intelligence. — Dans quelle mesure faut-il épicer les aliments ? Un médecin à qui on disait : Portez-vous bien, répondait : Machez bien ; expliquez pourquoi. Pourquoi faut-il peu manger le soir ? Pourquoi ne faut-il pas lire en mangeant ? A quelle condition peut-on prendre un bain après le repas ? Qu'est-ce que mettre quelqu'un à la diète ? Faut-il briser des corps durs avec les dents ? Quels dangers courent-elles aussi quand on boit trop froid ou trop chaud ? Comment remédie-t-on à la carie des dents ? Comment provoque-t-on les vomissements ?

APPAREIL DIGESTIF

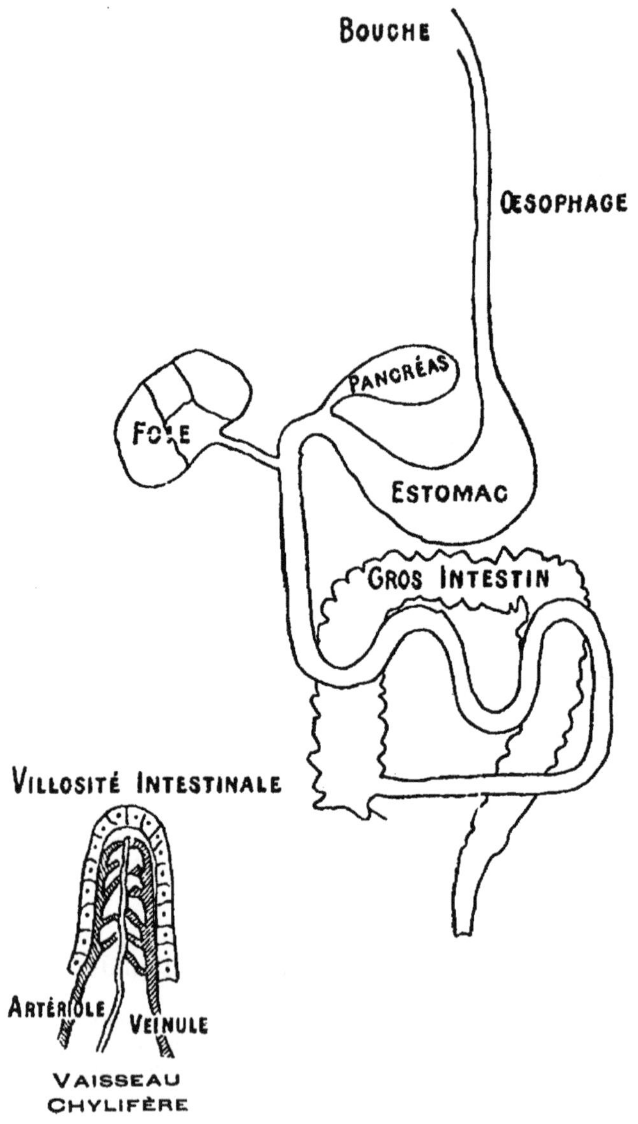

35. — La Circulation

Matériel. — Gravures ; — aiguilles ; — balle en caoutchouc, verre d'eau.

Faits d'observation et expériences. — Examiner des gravures représentant le sang et les organes de la circulation.

Faire sentir le pouls au poignet, à la tempe, au cou.

Piquer légèrement avec une aiguille un endroit quelconque du corps pour montrer que le sang circule partout.

Faire entrer de l'eau dans une balle de caoutchouc percée d'un petit trou, puis la faire sortir (mouvement du cœur).

PLAN

1. — Rôle double du sang ; sang rouge et sang noir.
2. — Composition et propriétés.
3. — Organes de la circulation
   - Cœur
     - droit : oreillette et ventricule.
     - gauche : oreillette et ventricule.
   - Artères (parois élastiques).
   - Vaisseaux capillaires (calibre très faible).
   - Veines (parois molles).
4. — Grande circulation ou circulation générale.
5. — Petite circulation ou circulation pulmonaire.

RÉSUMÉ

1. — Le *sang* nourrit toutes les parties du corps et en même temps les débarrasse des résidus inutiles.

2. — Il est formé d'un liquide incolore, le *sérum*, contenant des *globules rouges*, des *globules blancs*, de la *fibrine*, des *sels* et des *gaz*. Il se *coagule* au contact de l'air.

3. — Il est mis en mouvement par une poche musculaire à quatre cavités, le *cœur*, d'où il sort par les *artères* et où il rentre par les *veines* après être passé par les *vaisseaux capillaires*.

4. — Dans la *grande circulation*, le sang rouge part du *ventricule gauche*, chemine dans tout le corps et revient dans l'*oreillette droite* à l'état de sang noir.

5. — Dans la petite *circulation*, le sang noir sort du *ventricule droit*, se rend dans les poumons et revient purifié dans l'*oreillette gauche*.

Exercices et questions d'intelligence. — Qu'est-ce qui donne au sang sa couleur rouge ? Comment empêche-t-on la coagulation du sang ? Pourquoi une plaie saigne-t-elle plus longtemps dans l'eau salée et dans le vinaigre ? Est-il plus dangereux de se couper une veine qu'une artère ? Pourquoi faut-il comprimer une artère ouverte au-dessus de la blessure et non pas au-dessous ? En est-il de même pour une veine ? Pourquoi le docteur tâte-t-il le pouls du malade ? Est-il possible d'arrêter les battements du cœur ?

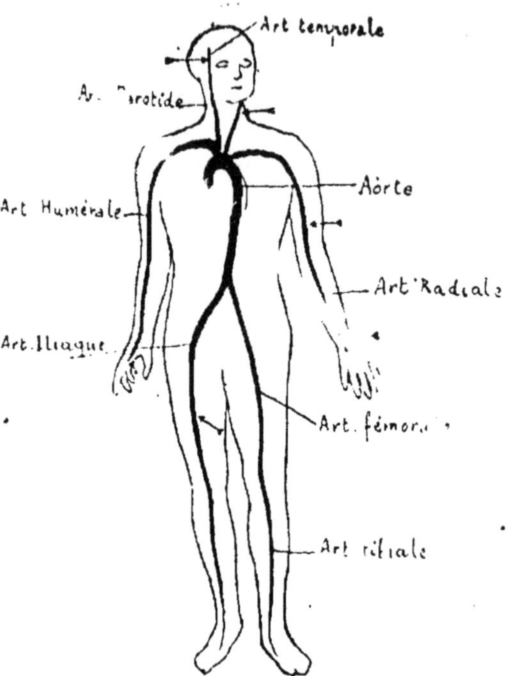

Principales artères

Les flèches indiquent leur point de compression pour arrêter les hémorragies

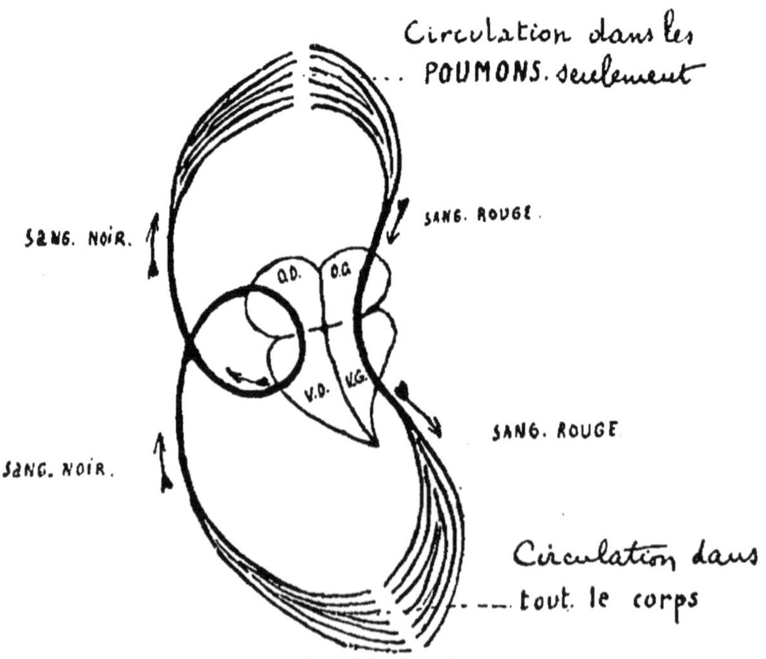

Circulation théorique du sang

36. — Hygiène de la Circulation

Matériel. — Ammoniaque, alun.

Faits d'observation. — Presser le poignet fortement et constater que les veines de la main se gonflent.

Prescriptions se rapportant à la vaccination et à la revaccination.

Manière de traiter les varices, l'apoplexie, la syncope.

PLAN

1. — Hygiène générale : exercice, vêtements, alimentation.

2. — Troubles de la circulation { Anévrismes, varices. Congestions (apoplexie), syncope.

3. — Hémorragies { Vomissement de sang (glace, sinapismes). Saignement de nez (eau froide, alun). Coupures (ligatures, pansement).

4. — Anémie : causes, traitement.

5. — Corruption du sang { Causes : variole, croup, charbon, rage, morsures, piqûres. Remèdes : vaccination, sérothérapie.

RÉSUMÉ

1. — L'hygiène de la circulation recommande l'*exercice modéré*, proscrit les *vêtements trop serrés* et condamne les *excès de table.*

2. — La dilatation des vaisseaux sanguins occasionne les *anévrismes* et les *varices.* La surabondance du sang produit les *congestions*, tandis que son absence amène la *syncope.*

3. — On arrête les *hémorragies* au moyen de l'eau froide, des ligatures et d'un astringent. Dans les pansements, on doit toujours faire usage d'*eau bouillie* et d'un *antiseptique.*

4. — L'appauvrissement du sang en globules occasionne l'*anémie* que l'on traite par des fortifiants et par des exercices modérés en plein air.

5. — On combat la corruption du sang au moyen de *vaccins* et de *sérums.* Les piqûres d'insectes et les morsures de vipères se traitent par l'*alcali volatil*, la *compression*, les *ventouses.*

Exercices et questions d'intelligence. — Pourquoi faut-il éviter de conserver longtemps la même position ? Que pensez-vous de l'usage des corsets ? Quel est le meilleur support du pantalon ? Faut-il mettre une toile d'araignée sur les blessures comme le recommandent certaines personnes ?

37. — La Respiration

Matériel. — Soufflet; — flacon, terrine, eau, tube coudé; — miroir ou ardoise; — deux verres, eau de chaux.

Faits d'observation et expériences. — Faire constater l'inspiration et l'expiration en plaçant une main sur la poitrine et l'autre sur l'abdomen.
Faire sentir la trachée-artère en avant du cou.
Expliquer avec un soufflet le mécanisme de la respiration.
Mesurer la quantité d'air que l'on peut chasser des poumons en soufflant, au moyen d'un tube recourbé, dans un flacon plein d'eau et renversé.
Souffler sur un miroir ou une ardoise et constater qu'ils se ternissent par la vapeur d'eau de l'expiration.
Souffler dans deux verres contenant de l'eau de chaux : 1° avec la bouche ; 2° avec un soufflet, et constater que l'air expiré contient plus d'acide carbonique que l'air atmosphérique.

PLAN

1. — But de la respiration.
2. — Organes de la respiration : fosses nasales, larynx, trachée-artère, bronches, poumons.
3. — Mécanisme de la respiration : inspiration, expiration.
4. — Modifications du sang et de l'air.
5. — Chaleur animale : animaux à sang chaud, à sang froid.

RÉSUMÉ

1. — La *respiration* a pour objet de fournir de l'oxygène au sang et de le débarrasser de l'acide carbonique dont il s'est chargé.
2. — Elle se fait au moyen des *poumons* qui communiquent avec l'air extérieur par les *bronches*, la *trachée-artère* et les *fosses nasales*.
3. — Les mouvements des côtes et du diaphragme provoquent l'entrée et la sortie de l'air dans les *alvéoles* des poumons : c'est l'*inspiration* et l'*expiration*.
4. — Par la respiration, le *sang veineux* prend de l'*oxygène* à l'air et lui abandonne de l'*acide carbonique* et de la *vapeur d'eau*; c'est pourquoi il devient rouge tandis que l'air se vicie.
5. — L'oxygène du *sang rouge* provoque dans tout le corps des combustions lentes qui sont la cause de la *chaleur animale*.

Exercices et questions d'intelligence. — Que signifie l'expression : avaler par le mauvais trou ? Qu'est-ce que la pomme d'Adam ? Qu'est-ce que le mou ? Quel est le rôle de la pression atmosphérique dans le mécanisme de la respiration ? En comptant 16 inspirations par minute et 1/2 litre d'air par inspiration, combien introduisons-nous d'air dans nos poumons en une minute, en une heure ? Comment la sueur contribue-t-elle à maintenir l'équilibre de température du corps ?

38. — Hygiène de la Respiration

Matériel. — Gravures montrant les effets néfastes du corset.

Faits d'observation. — Constater la fraîcheur des chambres contre terrasse ou exposées au nord.

PLAN

1. — Nécessité de l'air pur.
2. — Hygiène de la maison d'habitation.
3. — Hygiène de la respiration.
4. — Asphyxie { immersion dans l'eau. strangulation. privation d'air. gaz délétères.
5. — Maladies des organes de la respiration.

RÉSUMÉ

1. — L'air *confiné* ou *vicié* est impropre à la vie; c'est pourquoi il faut *aérer* souvent et surveiller les appareils de chauffage.

2. — Une maison doit être bâtie sur cave et exposée au midi ou au levant. On n'y trouvera ni alcôves, ni meubles encombrants, ni draperies aux fenêtres et aux lits.

3. — Il faut s'habituer à respirer par le nez, à faire de profondes aspirations, à avoir une attitude droite et les épaules effacées. On doit proscrire l'usage des *corsets rigides* et des vêtements trop *étroits*.

4. — On combat l'*asphxyie* en pratiquant la *respiration artificielle* ou les *tractions rythmées* de la langue. On rétablit la circulation en frictionnant et en réchauffant le corps.

5. — Les organes de la respiration sont exposés à diverses maladies inflammatoires (*rhumes*, *bronchites*, *pleurésie*, *pneumonie*) produites surtout par le refroidissement et à la *tuberculose* que l'on prévient par une bonne hygiène individuelle et par la salubrité de l'habitation.

Exercices et questions d'intelligence. — Pourquoi les campagnards se portent-ils mieux que les citadins? Quels dangers présente l'air des vallées encaissées et marécageuses? Pourquoi ne faut-il pas laisser la nuit des plantes dans une chambre à coucher? Pourquoi ne faut-il pas appuyer la poitrine contre la table quand on écrit? Pourquoi faut-il respirer par le nez? Qu'est-ce qui cause la mort d'un homme qui se noie? d'un homme qui respire de l'acide carbonique? Quels dangers présentent les réchauds dans les pièces fermées? Quelles précautions faut-il prendre pour éviter les rhumes, les bronchites? Est-il prudent de conserver du linge humide sur le corps? de s'exposer aux courants d'air quand on est en sueur?

APPAREIL RESPIRATOIRE

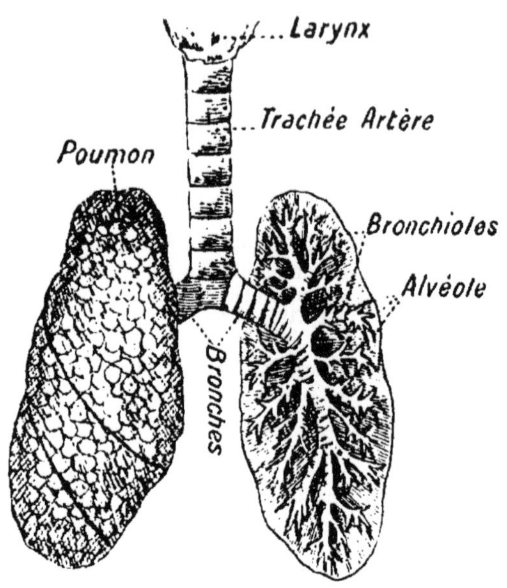

ALVÉOLE PULMONAIRE

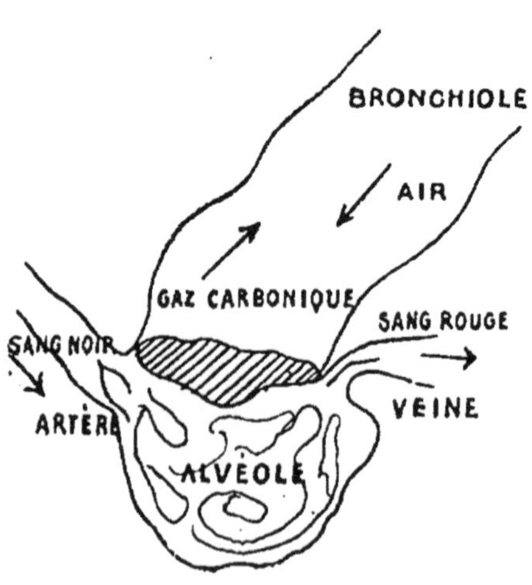

39. — Le Squelette et les Muscles

Matériel. — Gravures. — os variés ; — verre, acide chlorhydrique ; — morceau de viande bouillie.

Faits d'observation et expériences. — Examiner différents os longs, courts, plats.
Plonger un os dans de l'acide chlorhydrique étendu d'eau pour obtenir le cartilage.
Brûler un os à l'air libre pour en retirer la partie calcaire.
Examiner les fibres des muscles sur un morceau de viande bouillie.
Rapprocher la main de l'épaule et sentir le *biceps* se raccourcir et grossir progressivement ; faire ensuite le mouvement contraire.
Produire le mouvement involontaire de la paupière en approchant vivement le doigt de l'œil.

PLAN

1. — Les os : forme, composition, développement.
2. — Parties du squelette : tête, tronc, membres.
3. — Les articulations : fixes, mobiles.
4. — Les muscles : fibres, tendons.
5. — Les mouvements : volontaires, involontaires, mixtes.

RÉSUMÉ

1. — L'ensemble des *os* constitue le *squelette*. Ils sont formés d'une *substance minérale* (sels de chaux) et d'une *substance organique* (osséine) et enveloppés par le *périoste*, leur nourrice. On les distingue en os *longs*, os *courts*, os *plats*.

2. — Le squelette de l'homme comprend : la *tête* (*crâne et face*), le *tronc* (*colonne vertébrale, côtes* et *sternum*) et les *membres* supérieurs et inférieurs.

3. — Les *os* sont reliés entre eux par des *articulations fixes* ou *mobiles*. Les surfaces d'articulations mobiles sont revêtues de cartilages et retenues par de forts ligaments.

4. — Les *muscles* sont des faisceaux de fibres dont les *contractions* font mouvoir les os par l'intermédiaire des *tendons*.

5. — En général un muscle *fléchisseur* est opposé à un muscle *extenseur*. Les contractions des muscles sont *volontaires ou involontaires*, ou même, tantôt volontaires, tantôt involontaires.

Exercices et questions d'intelligence. — Comment appelle-t-on la matière grasse qui remplit l'intérieur de certains os ? Pourquoi est-il possible de croquer les os d'un tout jeune veau ? Qu'obtient-on quand on brûle des os en vases clos ? Pourquoi est-il très facile de saisir un objet avec les doigts de la main et non avec ceux du pied ? Les tendons sont-ils bien les nerfs de la viande comme on le dit vulgairement ? Montrez que les os sont de véritables leviers actionnés par les muscles. Quand dit-on qu'on a la crampe ? Citez des mouvements volontaires, des mouvements involontaires, des mouvements qui sont tantôt volontaires, tantôt involontaires.

LE SQUELETTE ET LES MUSCLES

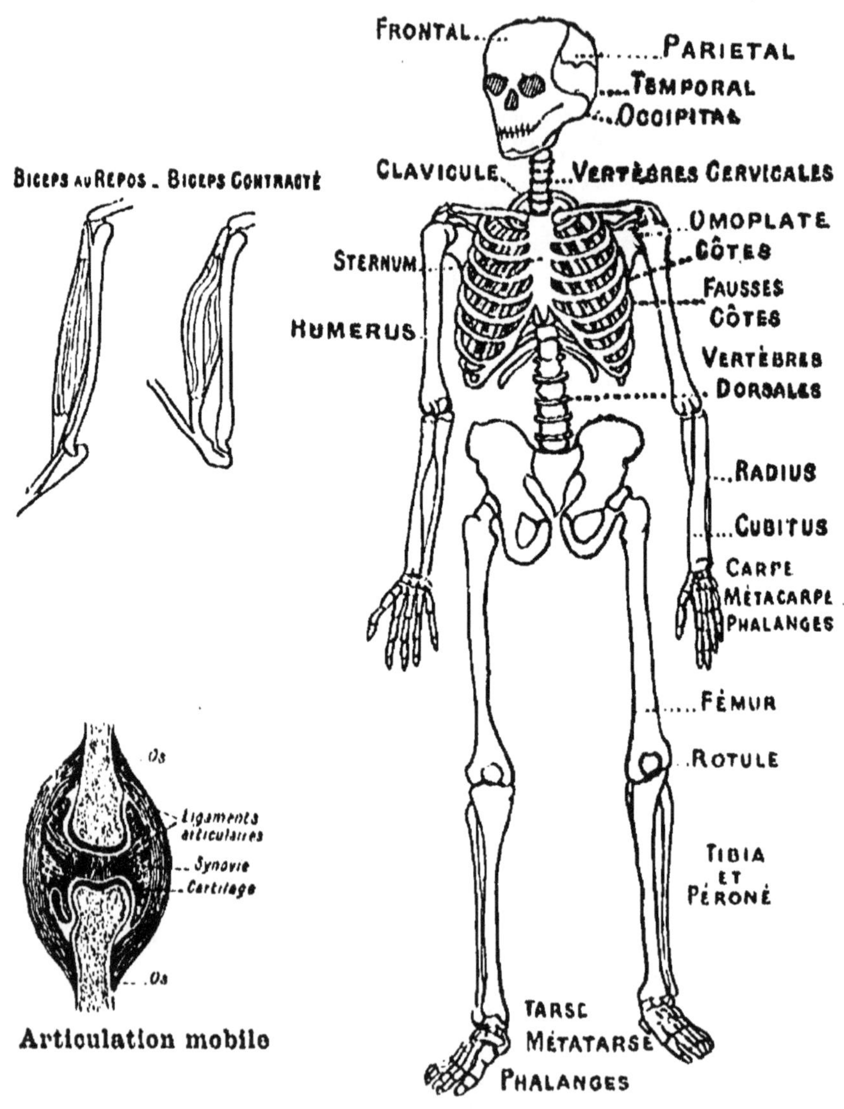

Articulation mobile

Squelette de l'Homme.

40. — Hygiène du Squelette

Matériel. — Gravures.

Faits d'observation. — Remarquer que les forgerons, les boulangers ont les muscles des bras plus développés que ceux des jambes.

Relever les attitudes vicieuses communes à la généralité des écoliers, particulières à certains élèves.

PLAN

1. — Hygiène du premier âge { nourriture (rachitisme). marche (déformation des jambes).
2. — Tenue du corps ; déformations.
3. — Exercice modéré : travail manuel, gymnastique, sports.
4. — Accidents { foulure ou entorse. luxation ou déboîtement. fracture ou cassure.
5. — Maladies { des muscles (rhumatismes). des articulations (goutte).

RÉSUMÉ

1. — Dans le jeune âge, les os sont des *cartilages* qui s'ossifient peu à peu ; c'est pourquoi il faut donner une alimentation calcaire à l'enfant et éviter de le faire marcher trop tôt.

2. — Les *attitudes vicieuses* produisent la *déviation* de la colonne vertébrale et des *déformations* disgracieuses qui sont préjudiciables à la santé.

3. — Le *travail manuel*, la *gymnastique* et les *sports* activent toutes les fonctions du corps, développent la vigueur des muscles, mais il faut éviter la fatigue et le surmenage.

4. — En cas de *foulure*, de *luxation* ou de *fracture*, il faut transporter le blessé avec beaucoup de précautions et faire usage de compresses d'eau froide en attendant le médecin.

5. — Le *froid humide* occasionne les *rhumatismes* des muscles ; la *vie sédentaire* et la *bonne chère* provoquent la *goutte* dans les articulations.

Exercices et questions d'intelligence. — Pourquoi est-il imprudent d'appuyer sur le crâne d'un jeune enfant ? Lequel, du jeune enfant ou du vieillard, se casse-t-il plus facilement les os en tombant ? Pourquoi la guérison d'une fracture est-elle plus facile chez l'enfant que chez l'adulte ? Pourquoi dit-on qu'on digère plus avec les jambes qu'avec l'estomac ? Pourquoi fait-on de la gymnastique à l'école ? Que pensez-vous des *rebouteurs* ? Est-il prudent de se coucher sur la terre fraîche ? de conserver des vêtements mouillés ?

41. — Le Système nerveux

Matériel. — Gravures. — Aiguille.

Faits d'observation. — Examiner une gravure représentant le système nerveux.

Faire constater au moyen d'une aiguille que les nerfs sont répandus dans toutes les parties du corps.

PLAN

1. — Le système nerveux : rôle, composition.
2. — Organes protecteurs : méninges, crâne, colonne vertébrale.
3. — Phénomène nerveux : impression, sensation, mouvement.
4. — Rôle des centres nerveux { cerveau, bulbe rachidien, cervelet, moelle épinière, nerfs (sensitifs et moteurs).
5. — Hygiène du système nerveux : excitants, surmenage, maladies.

RÉSUMÉ

1. — Le *système nerveux* est l'organe de la sensibilité et l'ordonnateur des mouvements. Il comprend l'*encéphale* (cerveau, cervelet, bulbe rachidien), la *moelle épinière* et les *nerfs*.

2. — Les *centres nerveux* sont protégés par les *méninges* ; l'encéphale est logé dans le *crâne* et la moelle épinière, dans le *canal vertébral*.

3. — Toute *impression* est transmise par les *nerfs sensitifs* à un centre nerveux qui la transforme en un ordre que les *nerfs moteurs* envoient aux diverses parties du corps.

4. — Le *cerveau* est le siège de la volonté et le centre des actes conscients et raisonnés, le *bulbe rachidien* préside aux fonctions de nutrition, le *cervelet* coordonne les mouvements et la *moelle épinière* règle les actes involontaires.

5. — Le *surmenage* intellectuel, les *excitants* (alcool, café, thé, tabac), l'*insolation* peuvent troubler le système nerveux et occasionner de graves maladies comme la *méningite*, la *congestion cérébrale*, la *paralysie*, la *folie*.

Exercices et questions d'intelligence. — Pourquoi n'éprouve-t-on aucune sensation quand on coupe les ongles, les cheveux ? Pourquoi le dentiste insensibilise-t-il la gencive avant d'extraire une dent ? Pourquoi ne faut-il pas soulever quelqu'un par la tête ? Pourquoi un coup sec sur le cou d'un lapin occasionne-t-il sa mort ? Qu'arriverait-il si les mouvements du cœur et des poumons étaient soumis à notre volonté ? Est-il prudent de rester au soleil tête nue ou de faire des marches forcées pendant les grandes chaleurs ? Pourquoi l'usage du tabac et des liqueurs fortes est-il surtout très mauvais chez les enfants et les jeunes gens ?

42. — La Vue

Matériel. — Gravures; — lunettes à verres concaves et à verres convexes; — verres fumés; — allumettes, dessins spéciaux.

Faits d'observation. — Examiner une gravure représentant la coupe de l'œil. Examiner et faire essayer des lunettes à verres concaves et à verres convexes. Regarder un objet brillant avec un verre noir, bleu ou fumé (conserves). Illusions d'optique : pointe de feu en mouvement, parallèles combinées avec des obliques, cercle blanc et cercle noir de même diamètre, bords parallèles d'une route, rails de chemin de fer.

Le blanc, le rouge fatiguent la vue; le bleu, le vert la reposent.

PLAN

1. — L'œil { parties { membranes: cornée, choroïde rétine. / milieux transparents. } / sensations : couleur, forme, étendue. }
2. — Organes protecteurs: orbites, paupières, sourcils.
3. — Mécanisme de la vision.
4. — Infirmités ou maladies { myopie, presbytie, cataracte, ophtalmies, cécité.
5. — Hygiène de la vue: propreté, lumière.

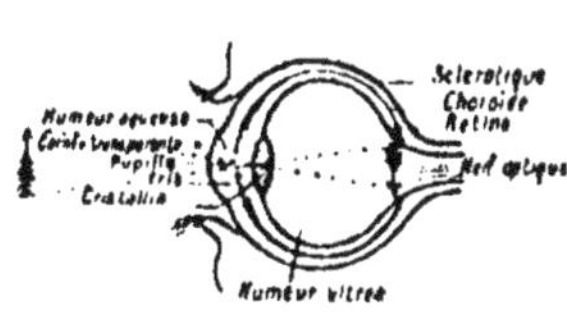

Coupe théorique de l'œil.

RÉSUMÉ

1. — *L'œil* est l'organe de la *vue*. C'est un globe composé de trois membranes (*cornée*, *choroïde*, *rétine*) et de milieux transparents (*humeur aqueuse*, *cristallin*, *humeur vitrée*).
2. — Il est logé dans une cavité osseuse, protégé par les *paupières*, les *cils* et les *sourcils* et humecté par les *glandes lacrymales*.
3. — Les rayons lumineux traversent la *cornée transparente*, passent par la *pupille*, sont réfractés par le *cristallin* et viennent former sur la *rétine* des images renversées qui sont transmises au cerveau par le *nerf optique*.
4. — Les yeux sont assujettis à un grand nombre d'infirmités ou de maladies, telles que la *myopie*, la *presbytie*, la *cataracte*, les *ophtalmies*.
5. — Il faut se laver souvent les yeux à l'*eau boriquée* et éviter les *lumières vacillantes*, trop *vives*, trop *faibles*. On ne doit pas lire des textes *trop fins* ni prendre l'habitude de regarder de *trop près*.

Exercices et questions d'intelligence. — Quel est le rôle des cils? des sourcils? A quelle partie de la fenêtre peut-on comparer l'iris? Pourquoi la pupille s'agrandit-elle dans l'obscurité et se rétrécit-elle en pleine lumière? Pourquoi paraît-elle noire? Quelle espèce de lunettes portent les myopes, les presbytes, les personnes qui ont la vue fatiguée? Qui faut-il consulter pour savoir les lunettes que l'on doit porter? Pourquoi munit-on les lumières vives de globes dépolis ou d'écrans? Pourquoi les soldats de Napoléon Ier étaient-ils incommodés de la vue pendant la retraite de Russie? Pourquoi la lecture en marchant ou dans une voiture mal suspendue nous fatigue-t-elle rapidement?

43. — L'Ouïe

Matériel **— Gravures. — Ouate, verre à pied rempli d'eau.**

Faits d'observation et expériences. **— Examiner une gravure représentant la coupe verticale de l'oreille.**

Atténuer l'intensité des sons en mettant le doigt ou un peu d'ouate dans l'oreille ; les faire mieux percevoir au contraire en portant la main arrondie autour du pavillon.

Faire vibrer un verre à pied rempli d'eau pour expliquer le rôle du liquide contenu dans l'oreille interne.

Chaîne des osselets : **marteau, enclume, os lenticulaire, étrier.**

PLAN

1. — L'oreille ; ses parties.
2. — L'oreille { externe. / moyenne.
3. — L'oreille interne.
4. — Mécanisme de l'ouïe.
5. — Hygiène de l'ouïe { propreté (cérumen). / bruits intenses, froid.

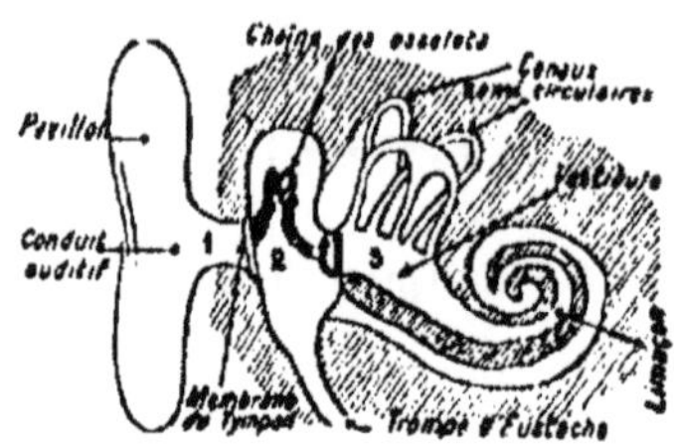

Schéma de l'oreille.
1. - Oreille externe.
2. - Oreille moyenne.
3. - Oreille interne.

RÉSUMÉ

1. — L'*oreille* est l'organe de l'*ouïe*. Elle est en partie abritée par l'os temporal et comprend : *l'oreille externe, l'oreille moyenne, l'oreille interne.*

2. — L'*oreille externe,* formée du *pavillon* et du *conduit auditif,* est fermée par la membrane du *tympan ; l'oreille moyenne* contient la chaîne des *osselets* et communique avec l'arrière-bouche par la *trompe d'Eustache.*

3. — L'*oreille interne* comprend le *vestibule,* les *canaux semi-circulaires* et le *limaçon* remplis d'un liquide où se ramifie le nerf acoustique.

4. — Les sons, recueillis par le pavillon, sont transmis au cerveau par la membrane du tympan, la chaîne des osselets et le nerf acoustique.

5. — Il faut *nettoyer* ses oreilles tous les jours, éviter les *sons intenses,* le *froid* et les *courants d'air.*

Exercices et questions d'intelligence. **— Pourquoi recommande-t-on d'ouvrir la bouche quand on se trouve dans le voisinage des pièces d'artillerie en action? Pourquoi les sourds ouvrent-ils la bouche pour mieux entendre ? Quel est le rôle du cornet acoustique, du porte-voix, du tuyau acoustique ? Pourquoi est-il imprudent d'introduire des corps durs ou pointus dans le conduit auditif ? Quel avantage retirent l'âne et le lièvre de leurs grands pavillons auriculaires ? Comment appelle-t-on l'infirmité des sourds?**

44. — Le Son et la Parole

Matériel. — Un diapason; — verres, eau; — plusieurs pièces de 0 fr. 10. — planche ou perche.

Faits d'observation et expériences. — Sons produits par les solides (piano, cloche), par les liquides (pluie, rivière), par les gaz (vent, bourdonnement des insectes, tonnerre, voix).

Frapper les branches d'un diapason et constater qu'elles vibrent; — poser le pied du diapason sur un corps dur: le son devient plus fort; — toucher le diapason avec le doigt: le son cesse.

Frapper avec un couteau deux verres inégalement remplis d'eau: constater le mouvement de l'eau et la différence de hauteur des sons produits.

Placer des pièces de 0 fr. 10 à la suite les unes des autres, produire un choc sur la première, la dernière seule se déplacera.

Gratter l'extrémité d'une planche ou d'une perche et percevoir le son à l'autre extrémité.

PLAN

1. — Le son: production, transmission, vitesse.
2. — Réflexion du son: écho (simple ou multiple), résonnance.
3. — Qualités du son { hauteur: nombre des vibrations (grave, aigu). intensité: amplitude des vibrations (voix basse, voix haute). timbre: nature des corps sonores.
4. — Instruments de musique { à cordes: violon, piano, mandoline, harpe. à vent: clairon, flûte, cor, clarinette (anche). à percussion: tambour, timbale, cymbales.
5. — La voix; organe; culture.

RÉSUMÉ

1. — Le *son* est produit par les vibrations des corps. Il est transmis par l'air, les liquides et les solides. Dans l'*air* il parcourt 340 mètres par seconde; sa vitesse est 4 fois plus grande dans les *liquides* et 10 fois plus grande dans les *solides*.
2. — La *réflexion* du son sur un obstacle produit l'*écho*. Si le son renvoyé s'ajoute au son direct, il y a seulement *résonnance*.
3. — Les sons diffèrent par la *hauteur*, l'*intensité* et le *timbre*. Le *diapason* donne le *la* de la gamme normale.
4. — Les instruments de musique sont à *cordes*, à *vent*, ou à *percussion*. Le *phonographe* enregistre et reproduit les sons et le *téléphone* les transporte à distance.
5. — La *voix* a pour organe le *larynx* dont les cordes vocales produisent des sons modifiés par la langue et les lèvres. Il faut toujours bien *articuler* et éviter de *crier*.

Exercices et questions d'intelligence. — Pourquoi le son ne se propage-t-il pas dans le vide? Un plongeur au fond d'une rivière entend-il ce qui se passe sur le bord? Comment peut-on entendre un train ou une troupe en marche qu'on ne voit pas? Pourquoi les vitres tremblent-elles quand il fait du tonnerre ou quand on tire le canon? Pourquoi voit-on l'éclair avant d'entendre le tonnerre? Comment peut-on mesurer la distance qui nous sépare d'un orage? Quel est le rôle de la caisse du violon? Qu'est-ce que chanter à l'unisson?

Propagation et intensité des sons

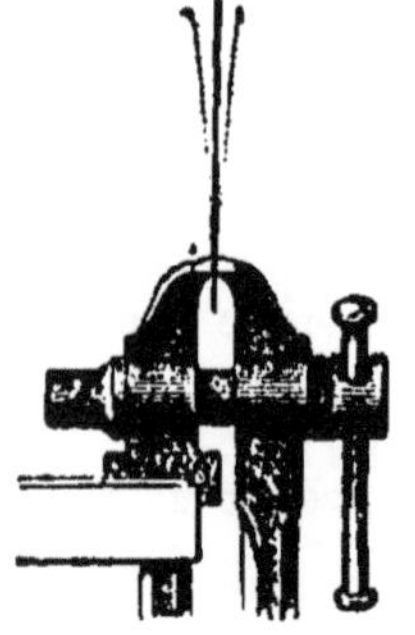

Le son produit par les vibrations de la lame est d'autant plus fort qu'elle s'écarte davantage de sa position d'équilibre.

Le son ne se propage pas dans le vide.

Hauteur des sons

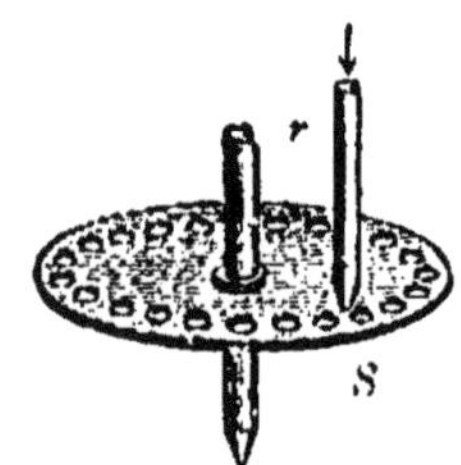
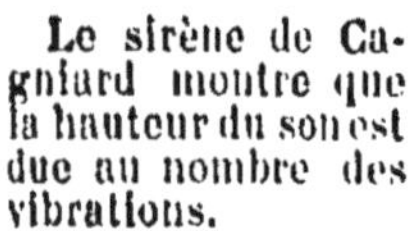

Le sirène de Cagniard montre que la hauteur du son est due au nombre des vibrations.

Le son rendu par un verre baisse si on le remplit: c'est que l'eau moins élastique que l'air ralentit les vibrations.

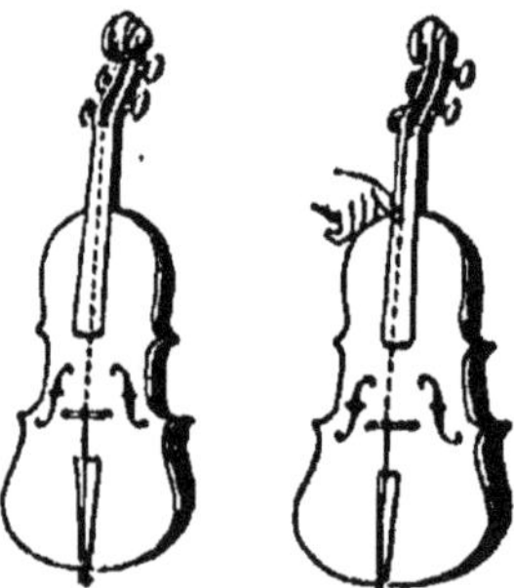

La son rendu par une corde s'élève à mesure qu'on raccourcit sa longueur.

Timbre des sons

Instrument à vent.

Instrument à cordes.

Instrument à percussion.

45. — Le Goût, l'Odorat, le Toucher

Matériel. — Gravures représentant la langue, le nez, la peau ; — sucre, bille en verre ; — miel, aloès, vinaigre ; — ammoniaque, fleur ; — objets divers pour les sensations tactiles.

Faits d'observation. — Examiner des gravures concernant les organes du goût, de l'odorat, du toucher.
Un corps soluble (sucre) a une saveur, un corps insoluble (bille) n'a aucun goût.
Goûter différentes saveurs : sucrées (miel), amères (aloès), acides (vinaigre), aigrelettes (limonade), etc.
Sentir différentes odeurs : piquantes (ammoniaque), aromatiques (fleur), etc.
Manier des objets lisses, rugueux, durs, mous, chauds, froids, etc.

PLAN

1. — Le goût : organe, sensations, hygiène.
2. — L'odorat : organe, sensations, hygiène.
3. — Le toucher : organe, sensations.
4. — La peau : parties ; rôle.
5. — Hygiène de la peau { propreté : lavages, bains. / maladies { gale, teigne, érésipèle, rougeole etc

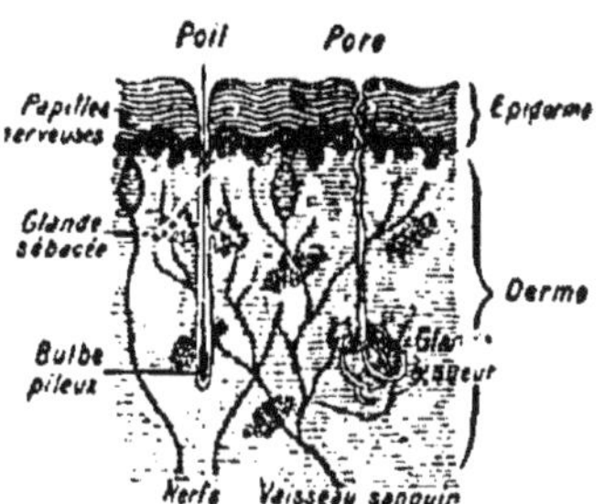

Coupe de la peau.

RÉSUMÉ

1. — Le *goût* a pour organe la *langue* qui perçoit les *saveurs* au moyen du *nerf lingual*. Il peut être perverti par l'abus des épices, du tabac et des liqueurs fortes.

2. — L'*odorat* a pour organe le *nez* qui perçoit les *odeurs* à l'aide du *nerf olfactif*. Il est émoussé par le tabac, les odeurs fortes et en cas de rhume de cerveau.

3. — Le *toucher* a pour organe la *peau*. Elle perçoit les *sensations tactiles* au moyen des papilles du derme où aboutissent les ramifications des *nerfs sensitifs*.

4. — La peau est formée de l'*épiderme* à l'extérieur et du *derme* à l'intérieur. C'est un organe de *protection*, de *respiration*, de *sécrétions* (sueur, graisse).

5. — Pour faciliter les fonctions de la peau et la défendre contre les poussières et les parasites, il faut la tenir constamment *propre* (lavages, bains, douches).

Exercices et questions d'intelligence. — Pourquoi les médecins examinent-ils parfois la langue des malades ? Le goût nous renseigne-t-il toujours sur la qualité des aliments ? « Si tu veux conserver ta peau, nettoie-la », a dit un hygiéniste ; a-t-il raison ? Pourquoi les pharmaciens, les bijoutiers ont-ils le tact plus sensible que les terrassiers, les forgerons ? Qu'appelle-t-on *cals, durillons* ? Est-il prudent de mettre la coiffure d'une autre personne ?

46. — Division des animaux

Matériel. — Gravures représentant des animaux de chaque embranchement. — Vertèbres.

Faits d'observation. — Examiner des gravures représentant un type de chacun des six embranchements.
Examiner des vertèbres de différents animaux.

PLAN

1. — Nécessité de classer les animaux.
2. — Les vertébrés et les invertébrés.

3-4. — Les six embranchements
- *vertébrés* (os)
  - mammifères : chien.
  - oiseaux : moineau.
  - reptiles : couleuvre.
  - batraciens : grenouille.
  - poissons : brochet.
- invertébrés (sans os)
  - *articulés* (parties distinctes)
    - insectes : hanneton.
    - araignées : araignée.
    - myriapodes : mille-pattes
    - crustacés : écrevisse.
  - *vers* (sans membres) : ver de terre.
  - *mollusques* (coquilles, corps mou) : escargot.
  - *rayonnés* (forme étoilée) : étoile de mer.
  - *protozoaires* (sans organes) : infusoire.

RÉSUMÉ

1. — Pour faciliter l'étude de tous les animaux du globe, on les a *classés*, c'est-à-dire qu'on les a groupés d'après leurs ressemblances.

2. — On les a d'abord partagés en deux grandes divisions : les *vertébrés* qui ont des os et le sang rouge et les *invertébrés* qui n'ont pas d'os et dont le sang est incolore.

3. — Les *vertébrés* constituent le premier embranchement qui comprend cinq classes : les *mammifères* et les *oiseaux* qui ont le sang chaud, les *reptiles*, les *batraciens* et les *poissons* qui ont le sang froid.

4. — Les *invertébrés* comprennent cinq embranchements : les *articulés* (insectes, araignées, myriapodes, crustacés), les *vers*, les *mollusques*, les *rayonnés*, les *protozoaires*.

Exercices et questions d'intelligence. — Éprouve-t-on la même résistance en écrasant une souris et une limace ? Le sang de ces animaux est-il le même? Éprouve-t-on la même sensation de température en touchant un lapin et une grenouille?

47. — Les Mammifères

Matériel. — Gravures; mâchoires d'un carnivore, d'un rongeur.

Faits d'observation. — Examiner des gravures représentant des mammifères et faire des comparaisons.

Examiner la mâchoire d'un carnivore et remarquer les canines; examiner celle d'un rongeur et remarquer les incisives.

PLAN

1. — Mammifères
   - caractères: mamelles, poils, sang chaud, poumons.
   - Classification
     - ongles: *bimanes, quadrumanes.*
     - griffes: *carnivores, insectivores, amphibiens, rongeurs*
     - sabots: *ruminants, pachydermes.*
     - pas d'ongles: *cétacés* (pisciformes).
     - pas de dents: *édentés.*
     - imparfaits: *marsupiaux, monotrèmes.*
2. — Bimanes: *hommes* (races blanche, jaune, rouge).
3. — Quadrumanes: *singes* (gorille, orang-outang, sajou, ouistiti).
4. — Carnivores
   - *digitigrades* (chat, chien, martre).
   - *plantigrades* (ours, blaireau).
5. — Insectivores (hérisson, musaraigne, taupe).
6. — Chéiroptères (chauve-souris).
7. — Amphibiens (phoque, morse).
8. — Rongeurs
   - *nuisibles* (souris, rat, loir, castor, écureuil, marmotte).
   - *utiles* (lapin domestique, cochon d'Inde).

RÉSUMÉ

1. — Les *mammifères* ont le sang chaud, le corps couvert de poils et allaitent leurs petits. On les classe en *ordres* d'après leurs ongles, leurs griffes, leurs sabots, leurs dents.

2. — L'ordre des *bimanes* comprend l'homme qui a deux mains.

3. — Les *quadrumanes* (singes) ont quatre mains.

4. — Les *carnivores* ont les canines développées; tantôt ils marchent sur les doigts (chats), tantôt sur la plante du pied (ours).

5. — Les *insectivores* (hérisson, musaraigne, taupe) ont les molaires garnies de pointes et sont utiles.

6. — Les *chéiroptères* (chauves-souris) sont des insectivores volants.

7. — Les *amphibiens* (phoque, morse), organisés pour la vie aquatique, sont maladroits sur terre et très adroits dans l'eau.

8. — Les *rongeurs* ont des incisives très longues à croissance continue. Les uns comme la souris, le rat, le loir sont nuisibles; d'autres comme le lapin, le cochon d'Inde, sont domestiqués.

Exercices et questions d'intelligence. — Citez des mammifères qui marchent, qui volent, qui nagent. Pourquoi chez les singes les extrémités des jambes sont-elles considérées comme des mains? En quoi diffère un quadrumane d'un quadrupède? Comment un chat peut-il faire « patte de velours »? Quel qualificatif donne-t-on à ses griffes? Pourquoi les jardiniers tuent-ils les taupes? Pourquoi dit-on parfois que la taupe est aveugle? Pourquoi la chauve-souris n'est-elle pas un oiseau? Qu'appelle-t-on animaux *hibernants*? Montrez que le lapin, l'écureuil, le castor, la taupe sont des animaux industrieux.

48. — Mammifères (*suite*)

Matériel. — Gravures représentant des ruminants, des pachydermes, etc. Corne de ruminant.

Faits d'observation. — Examiner les gravures représentant les mammifères de la leçon et faire des comparaisons.

Observer la corne du bœuf, du cerf, de la girafe. Examiner l'estomac d'un ruminant (*voir page 84*).

PLAN

1\. — Ruminants
- estomac : panse, bonnet, feuillet, caillette.
- cornes creuses : bœuf, mouton, chèvre, gazelle, chamois.
- cornes pleines : cerf, chevreuil, girafe (cornes persistantes).
- sans cornes : chameau (2 bosses), dromadaire (1 bosse), lama (sans bosse).

2\. — Pachydermes
- plusieurs sabots : rhinocéros, hippopotame, tapir, porc, sanglier
- un seul sabot : cheval, âne, zèbre.
- une trompe : éléphant.

4, — Cétacés
- deux nageoires pectorales, nageoire caudale horizontale.
- avec dents : cachalot, dauphin, narval.
- avec fanons : baleine.

4\. — Edentés
- sans dents : fourmilier (Amérique du Sud).
- nombreuses dents sans émail ni racines : tatou, paresseux (Amérique du Sud).

5\. — Mammifères inférieurs
- marsupiaux : sarigue, kangourou.
- monotrèmes : ornithorhynque, échidné.

RÉSUMÉ

1\. — Les *ruminants* sont des herbivores dont l'estomac à quatre poches leur permet de mâcher une seconde fois leurs aliments. Les uns sont domestiqués, comme le bœuf, le mouton, le renne, le chameau ; les autres vivent à l'état sauvage comme le cerf, le chevreuil, la girafe.

2\. — Les *pachydermes* ont la peau épaisse. Le rhinocéros, l'hippopotame, le porc ont plusieurs sabots ; le cheval, l'âne, le zèbre n'en ont qu'un ; l'éléphant est caractérisé par une trompe.

3\. — Les *cétacés* ressemblent aux poissons et vivent dans la mer. Le cachalot, le dauphin ont des dents, la baleine a des *fanons*.

4\. — Les *édentés* n'ont pas de dents (fourmilier) ou en ont de très nombreuses, toutes semblables, sans émail ni racines (tatou).

5\. — Les mammifères inférieurs sont les *marsupiaux* (sarigue, kangourou) dont les petits achèvent leur croissance dans une poche placée sous le ventre et les *monotrèmes* (ornithorhynque), qui ont un bec corné et pondent des œufs.

Exercices et questions d'intelligence. — Quels sont les caractères des herbivores ? Quelle est l'utilité des cornes des ruminants ? des bosses du chameau ? Que retire-t-on des défenses du morse ? Comment respire la baleine ? Comment les monotrèmes se rapprochent-ils à la fois des oiseaux et des mammifères ?

49. — Oiseaux

Matériel. — Gravures représentant des oiseaux. — Plume, œufs ; — coquilles d'œufs, acide chlorhydrique.

Faits d'observation et expériences. — Examiner à l'aide de gravures les oiseaux de différents ordres et les comparer.

Examiner la constitution d'une plume, la composition d'un œuf.

Dissoudre une coquille d'œuf dans de l'acide chlorhydrique étendu d'eau : la membrane coquillière reste intacte.

Remarques. — Les oiseaux ont deux larynx, l'ouïe très fine, la vue perçante, une membrane clignotante (3ᵉ paupière) qui passe devant l'œil à la manière d'un rideau.

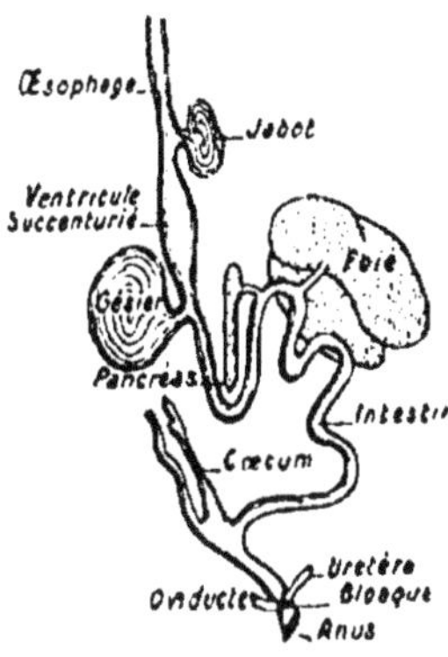

Appareil digestif de l'oiseau.

PLAN

1. — Caractères extérieurs.
2. — Particularités des organes.
3. — L'œuf.
4. — Mœurs des oiseaux.
5. — Utilité.

RÉSUMÉ

1. — Les *oiseaux* ont le corps couvert de *plumes*, un *bec* corné, deux *ailes*, deux *pattes*, et pondent des *œufs*.

2. — Leur tube digestif a plusieurs poches, leur sternum est très développé; ils ont des os creux, communiquant à des *sacs aériens* qui s'ouvrent dans les poumons.

3. — L'*œuf* comprend la *coquille*, très poreuse, les *membranes coquillières* dont le dédoublement forme la chambre à air, le *blanc* et le *jaune* où se trouve le *germe*. Par l'*incubation*, le germe se développe et un petit oiseau éclôt en brisant la coquille.

4. — Les oiseaux exécutent des *chants* variés et construisent des *nids* avec art ; certains s'*orientent* facilement et *émigrent* chaque année.

5. — Les oiseaux *protègent* les récoltes, *fournissent* des produits utiles, *charment* la campagne ; certains font l'office de *messagers*.

Exercices et questions d'intelligence. — Pourquoi les oiseaux avalent-ils de petits cailloux ? A quoi servent leurs sacs aériens ? Pourquoi tournent-ils la tête de côté pour regarder devant eux ? Pourquoi leur température (42°) est-elle supérieure à celle des mammifères ? A quoi sert la chambre à air de l'œuf ? Est-ce pour nous que les poules pondent ? Que pensez-vous des dénicheurs d'oiseaux ? Quels oiseaux rendirent de grands services en 1870 ?

58. — Classification des Oiseaux

Matériel. — Gravures montrant des oiseaux de différents ordres.

Faits d'observation. — Examiner à l'aide de gravures, un type d'oiseau de chaque ordre; faire des comparaisons (observer en particulier la forme du bec, des pattes, le nombre et la disposition des doigts).

PLAN

1. — Organes servant à classer les oiseaux.

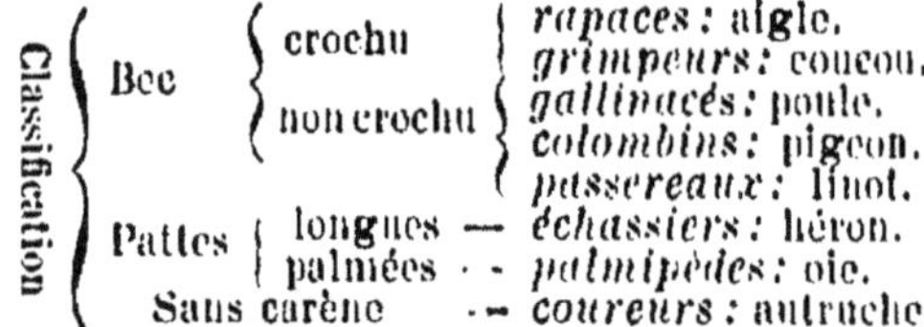
Classification
- Bec
  - crochu
    - *rapaces :* aigle.
    - *grimpeurs :* coucou.
  - non crochu
    - *gallinacés :* poule.
    - *colombins :* pigeon.
    - *passereaux :* linot.
- Pattes
  - longues — *échassiers :* héron.
  - palmées — *palmipèdes :* oie.
- Sans carène — *coureurs :* autruche.

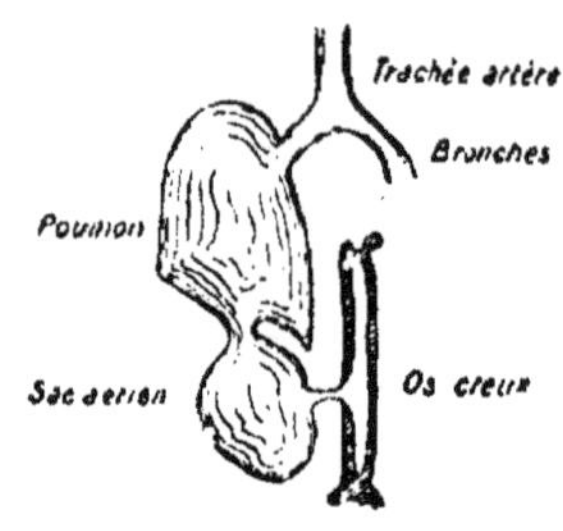

Schéma montrant la communication entre un poumon, un sac aérien et un os creux.

RÉSUMÉ

1. — On divise les oiseaux en 8 ordres d'après la forme du *bec*, des *pattes* et du *sternum*.
2. — Les *rapaces* ont un bec crochu et des serres puissantes. Les *diurnes* (faucon, aigle, buse) sont nuisibles; les *nocturnes* (hibou, chouette) sont utiles.
3. — Les *grimpeurs* (pic, coucou, perroquet) ont deux doigts en avant et deux en arrière, ils fouillent l'écorce des arbres.
4. — Les *gallinacés*, au bec fort et aux ailes courtes, sont *domestiqués* (poule, dindon, paon) ou vivent à l'*état sauvage* (perdrix, caille, faisan).
5. — Le pigeon et la tourterelle sont des *colombins* au bec faible, mais au vol puissant.
6. — Les *passereaux*, très nombreux et de petite taille, sont des oiseaux chanteurs et sauteurs presque tous utiles.
7. — La cigogne, le héron, la bécasse sont des *échassiers* caractérisés par la longueur des pattes, du cou et du bec; ils fréquentent les marais et les rivages.
8. — Les *palmipèdes*, aux pattes courtes et aux pieds palmés (canard, mouette, manchot), sont des oiseaux de la mer et des eaux.
9. — L'autruche, le nandou, le casoar sont des *coureurs* qui ont des ailes courtes, des pattes longues et robustes.

Exercices et questions d'intelligence. — Qu'appelle-t-on *oiseaux de proie*? Que pensez-vous de ceux qui clouent des chouettes sur les portes? Pourquoi certains passereaux nous quittent-ils à l'automne pour revenir au printemps suivant? Pourquoi les canards ne se mouillent-ils pas quand ils nagent? Pourquoi les hirondelles volent-elles le bec ouvert?

51. — Les Reptiles

Matériel. — Couleuvre et vipère dans l'alcool. Gravures représentant des reptiles.

Faits d'observation. — Comparer une vipère à une couleuvre.
Examiner la mâchoire d'un serpent venimeux.

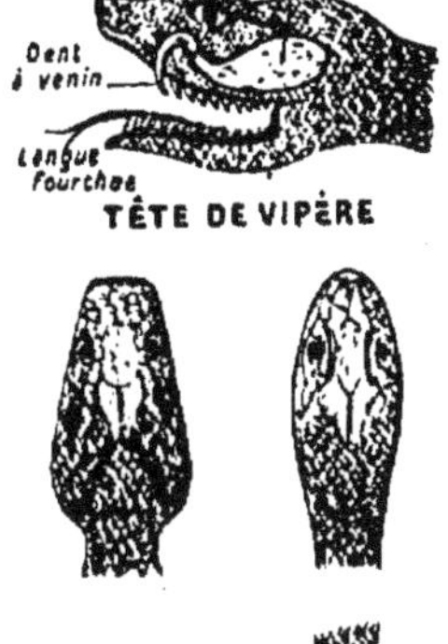

PLAN

1. — Caractères des reptiles.
2. — Tortues.
3. — Lézards.
4. — Serpents.
5. — Crocodiliens.

Caïman.

RÉSUMÉ

1. — Les *reptiles* rampent en se traînant sur des membres très courts. Ils ont la peau écailleuse ou cornée, le sang froid, la circulation incomplète et pondent des œufs
2. — Les *tortues* ont le bec corné et le corps recouvert d'une *carapace* (plastron). On distingue les *tortues marines*, les *tortues terrestres* et les *tortues d'eaux douces*.
3. — Les *lézards* sont de petits reptiles, utiles et inoffensifs. Les principaux sont : le *lézard gris*, le *caméléon*, l'*orvet*.
4. — Les *serpents* ont un corps très allongé sans membres. Ils sont *venimeux* comme la vipère, le serpent à sonnettes, l'aspic, ou *non venimeux* comme la couleuvre, le boa, le python. On combat les cas de morsure par le lavage, la succion, la cautérisation.
5. — Les *crocodiles* sont de grands reptiles carnassiers et aquatiques. Le *crocodile* du Nil, le *gavial* du Gange, le *caïman* d'Amérique ont par fois plus de 10 mètres de longueur.

Exercices et questions d'intelligence. — Quels sont les reptiles qui ont des membres? Combien en possèdent-ils? Que deviennent la plupart des reptiles pendant l'hiver? Que se passe-t-il quand un lézard a la queue cassée? Faut-il craindre la langue fixe et fourchue des lézards et des couleuvres? Dans quelle saison faut-il surtout redouter les vipères? Pourquoi voit-on dans les ménageries des vipères inoffensives? Pourquoi appelle-t-on l'orvet *serpent de verre*?

52. — Les Batraciens

Matériel. — Gravures.

Faits d'observation. — Examiner les différentes phases du développement d'une grenouille.

PLAN

1. — Caractères { peau. température. métamorphoses. 4 membres.
2. — Métamorphoses { œufs. têtards. adultes.
3. — Batraciens sans queue { grenouille. rainette. crapaud.
4. — Batraciens avec queue { triton. salamandre.
5. — Utilité : destructeurs de { vers. limaces. insectes.

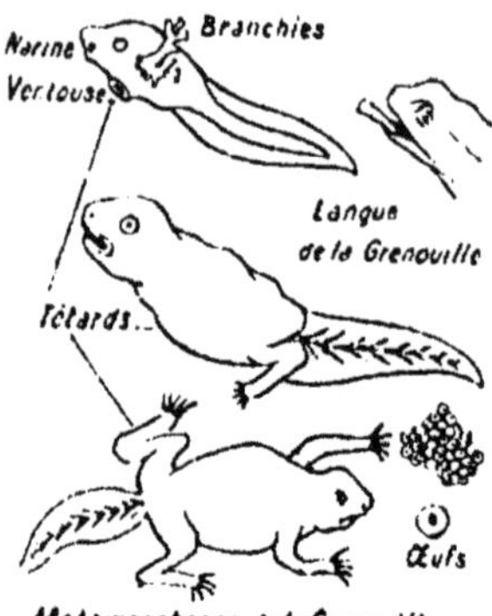

Métamorphoses de la Grenouille

RÉSUMÉ

1. — Les *batraciens* ont la peau nue et le sang à température variable. Ils pondent des œufs et subissent des *métamorphoses*.

2. — Ils passent successivement par trois états : *œufs, têtards, adultes*. Les têtards sont herbivores et respirent par des branchies ; les adultes sont carnivores et respirent par des poumons et par la peau.

3. — Les batraciens sans queue sont la *grenouille* dont la chair est délicate, le *crapaud* au corps couvert de verrues, la *rainette* dont les doigts sont terminés par des pelotes adhésives.

4. — Les batraciens pourvus d'une queue sont le *triton* qui vit dans l'eau et la *salamandre terrestre* qui possède des glandes secrétant un venin énergique.

5. — Les batraciens sont des animaux *utiles* qui se nourrissent d'insectes, de vers et de limaces.

Exercices et questions d'intelligence. — La grenouille peut-elle être noyée ? Pourquoi ne respire-t-elle pas dans l'eau ? Pourquoi saute-t-elle si facilement ? Pourquoi éprouve-t-on une vive douleur si on se frotte les yeux avec les doigts après avoir touché un crapaud ? Pourquoi la grenouille verte peut-elle grimper sur les arbres ?

53. — Les Poissons

Matériel. — Gravures. — Vessie natatoire, colonne vertébrale d'un poisson.

Faits d'observation. — Examiner différentes espèces de poissons. Examiner la vessie natatoire, la colonne vertébrale d'un poisson. Remarquer la grande quantité d'œufs contenus dans le hareng (35.000).

PLAN

1. — Caractères des poissons
   - forme : fuseau, plate.
   - peau : écailles.
   - membres : nageoires pectorales, ventrales, caudale
   - locomotion : natation (vessie natatoire).
   - respiration : branchies (ouïes), sang froid.
   - reproduction : œufs (frai, laitance).
2. — Classification.
3. — Poissons osseux (9/10)
   - eaux douces
   - mer.
4. — Poissons cartilagineux (1/10)
   - eaux douces
   - mer.
5. — Utilité
   - alimentation (pêche).
   - ablette (perles artificielles).
   - morue (huile, rogue).
   - esturgeon (colle, caviar).

Nageoires dorsales. Nageoire caudale.

Nageoires pectorales. Nageoires abdominales. Nageoire anale.

RÉSUMÉ

1. — Les *poissons* ont le corps couvert d'écailles et sont pourvus de nageoires Ils respirent par des branchies, ont une température variable et pondent des œufs.

2. — On les divise en *poissons osseux* dont le squelette est composé de parties rigides (arêtes) et en *poissons cartilagineux* qui ont un squelette mou.

3. — Parmi les *poissons osseux*, on trouve le *brochet*, la *carpe*, la *truite*, le *goujon*, l'*anguille*, la *tanche* qui vivent dans les eaux douces, le *hareng*, la *morue*, le *thon*, le *maquereau*, la *sardine*, la *sole* qu'on trouve dans la mer.

4. — Les *poissons cartilagineux* sont *l'esturgeon* qu'on rencontre dans les fleuves, la *raie*, le *requin*, la *torpille*, la *lamproie* qui vivent dans la mer.

5. — Les poissons servent à notre alimentation; ils nous donnent en outre de la colle, des perles artificielles, de l'huile de foie de morue. L'élevage de l'*alevin* s'appelle la *pisciculture*.

Exercices et questions d'intelligence. — Pourquoi les poissons ouvrent-ils et ferment-ils sans cesse la bouche ? Pourquoi leurs écailles sont-elles imbriquées d'avant en arrière ? A quoi sert chaque espèce de nageoires ? Un poisson vivrait-il dans l'eau qui a été bouillie ? Comment reconnaît-on qu'un poisson est frais ? Pourquoi le requin est-il appelé le *pirate des mers* ? Pourquoi la pêche est-elle défendue en temps de *frai* ? Où le saumon, poisson de mer, va-t-il déposer ses œufs ? Et l'anguille d'eau douce ? Quelle influence le déversement des eaux d'industrie dans les rivières exerce-t-il sur la population des cours d'eau ?

54. — Les Insectes

Matériel. — Collection d'insectes; gravures représentant les principaux.

Faits d'observation. — Examiner les parties d'un insecte sur l'animal même ou sur une gravure.
Comparer une larve, une chrysalide, un insecte parfait.

PLAN

1. — Articulés { Caractères { corps, membres, squelette. / division.

2.-3. Caractères { tête, thorax, abdomen. / respiration cutanée. / métamorphoses.

4. — Mœurs { multiplication, conservation. / reproduction, sociabilité.

5. — Division : aptères, diptères, tétraptères.

Parties d'un insecte.

RÉSUMÉ

1. — Les *articulés*, divisés en *anneaux* et protégés par un *squelette externe*, sont pourvus de *membres articulés*. Cet embranchement comprend quatre classes: les *insectes*, les *araignées*, les *myriapodes*, les *crustacés*.
2. — Les insectes ont le corps divisé en 3 parties: 1° la *tête* qui porte la bouche, les yeux et les antennes; 2° le *thorax* où sont fixées les pattes et les ailes; 3° l'*abdomen* formé d'anneaux et garni de stigmates. Ils respirent par des *trachées*.
3. — Ils subissent des *métamorphoses* en passant successivement à l'état d'*œuf*, de *larve*, de *chrysalide* et d'*insecte parfait*. Certains n'ont que des *métamorphoses incomplètes*.
4. — Les insectes se multiplient très rapidement. Ils présentent parfois de curieuses particularités pour se nourrir (*fourmi*), pour attaquer (*fourmi-lion*), pour se défendre (*bombardier*), pour assurer l'éclosion de leurs œufs (*ichneumon*); quelques-uns vivent en société (*fourmis*, *abeilles*, *guêpes*).
5. — On divise les insectes en 3 groupes principaux; les *aptères*, les *diptères*, les *tétraptères*. On les classe aussi en *insectes utiles* et en *insectes nuisibles*.

Exercices et questions d'intelligence. — De quelle couleur est le sang des insectes? Pourquoi le hanneton est-il appelé un insecte *broyeur*? la mouche, un insecte *suceur*? l'abeille, un insecte *lécheur*? Que fait le hanneton quand il « compte ses écus »? Pourquoi l'huile versée dans les galeries de la courtilière la détruit-elle? Comment les papillons diurnes et les nocturnes tiennent-ils leurs ailes quand ils sont au repos? Pourquoi les mouches vont-elles pondre sur la viande et sur les cadavres d'animaux? Pourquoi considère-t-on les pucerons comme les vaches laitières des fourmis?

55. — Insectes utiles

Matériel. — Insectes utiles ou gravures. — Rayon de cire, ruche, outils d'apiculteur. — Cocon, fil et étoffe de soie. — Galle et cynips du rosier.

Faits d'observation. — Examiner les principaux insectes utiles.
Observer : rayons de cire, outils d'apiculteur, ruche (reconnaître les butineuses, les gardiennes, les ventileuses, les nettoyeuses, les mâles).
Examiner de la soie : cocon, fil, étoffe.
Examiner une galle de cynips de rosier.

PLAN

1. — Insectes détruisant les insectes nuisibles.
2. — Insectes donnant des produits utiles.
3. — Insectes domestiqués ; leurs produits.
4. — Abeilles :
   - espèces : reine, mâles, ouvrières.
   - travail : cire (cellules, rayons), miel.
   - ruches : rayons fixes, cadres mobiles.
   - essaimage : naturel, artificiel.
   - récolte du miel : fin de l'été.
   - maladies : pourriture, dysenterie, etc.
   - ennemis : fausses-teignes, guêpes, frelons, souris, crapauds..
5. — Vers à soie :
   - magnaneries : température, ventilation.
   - éclosion des œufs : printemps.
   - nourriture des chenilles : feuilles de mûrier.
   - destruction des chrysalides : vapeur d'eau.
   - dévidage des cocons : soie grège.
   - maladies : pébrine, flacherie, etc.

RÉSUMÉ

1. — Certains insectes sont utiles parce qu'ils détruisent les insectes nuisibles ; tels sont le *carabe doré*, la *coccinelle*, le *fourmi-lion*, la *libellule*, le *ver luisant*, le *grillon*, etc.
2. — D'autres nous donnent des produits utiles : la *cochenille* fournit une couleur rouge, la *cantharide* des vésicatoires, le *cynips* la noix de galle.
3. — Deux insectes sont domestiqués : l'*abeille* qui produit la cire et le miel , le *ver à soie* dont le cocon dévidé donne la soie.
4. — On distingue trois sortes d'abeilles : la *reine*, les *mâles*, les *ouvrières*. Elles vivent en colonies dans des *ruches* à *rayons fixes* ou à *rayons mobiles*, et essaiment chaque année. La récolte du miel se fait à la fin de l'été.
5. — On élève les *vers à soie* dans des *magnaneries* avec des feuilles de *mûrier*. Ils mangent environ un mois, s'enferment dans des *cocons* et sont ensuite détruits par la vapeur d'eau bouillante.

Exercices et questions d'intelligence. — Où vivent les abeilles à l'état sauvage ? Comment s'appelle l'élevage des abeilles ? Comment soigne-t-on la piqûre d'une abeille ? Pourquoi peint-on les ruches de différentes couleurs ? Qu'est-ce que le couvain ? Comment recueille-t-on un essaim ? Pourquoi n'élève-t-on pas le ver à soie dans le nord de la France ? Qu'appelle-t-on *mues* du ver à soie ?

56. — Insectes nuisibles

Matériel. — Insectes nuisibles ou gravures les représentant ; — morceaux de bois renfermant des galeries.

Faits d'observation. — Examiner des insectes nuisibles ou des figures. Examiner des galeries creusées par des insectes dans le bois.

Hanneton et sa larve.

PLAN

1. — Multitude des insectes nuisibles.

2-3-4. — Insectes nuisibles aux
- hommes : corps, vêtements, provisions, constructions.
- animaux : corps.
- plantes : racines, tiges, feuilles, fleurs, fruits, graines.

5. — Destruction : insecticides, chaulage, hannetonnage, échenillage, rôle des oiseaux.

RÉSUMÉ

1. — Les *insectes nuisibles* sont très nombreux ; ils causent de grands dégâts soit à l'état de *larves*, soit à l'état d'*insectes parfaits.*

2. — Ils s'attaquent à nous-mêmes (*poux, moustiques*), à nos vêtements (*teignes, dermestes*), à nos provisions (*mouches, charançons*), à nos constructions (*termites*).

3. — Ils incommodent aussi les animaux domestiques (*poux, puces, taons, œstres*).

4. — Certains s'attaquent aux racines (*phylloxéra, ver blanc*), aux tiges (*pucerons*), aux feuilles (*chenilles, hannetons*) ; d'autres rongent les fleurs (*cochylis, pyrales*), les fruits (*guêpes, fourmis*) les graines (*bruches, charançons*).

5. — On combat les insectes nuisibles par les *insecticides*, l'*échenillage*, le *hannetonnage*, le *chaulage*, l'*ébouillantage* ; mais nos meilleurs auxiliaires sont les *oiseaux*.

Exercices et questions d'intelligence. — Comment se fait-il que les insectes, si petits, commettent de si grands ravages ? Comment s'explique la présence d'une larve dans un fruit qui paraît fermé de toutes parts ? Pourquoi se sert-on de pièges lumineux pour prendre beaucoup d'insectes ailés ? Comment les Arabes luttent-ils contre les sauterelles ? Pourquoi faut-il détruire les papillons bien qu'ils ne soient pas nuisibles ?

57. Myriapodes, Arachnides, Crustacés

Matériel. — Gravures représentant une araignée, un scorpion, une écrevisse.

Faits d'observation. — Examiner une araignée, un scorpion, une écrevisse et les comparer.

PLAN

1. — Myriapodes ; caractères.
2. — Arachnides : caractères.
3. — Division { araignées (araignée domestique, épeire, faucheur, mygale). scorpions (deux pinces, aiguillon venimeux). acariens (sarcopte de la gale, mites).
4. — Crustacés : caractères.
5. — Division { fluviaux (écrevisses). marins (homards, crabes, langoustes, crevettes). terrestres (cloportes).

RÉSUMÉ

1. — Les *myriapodes* ou *mille-pattes* ont un très grand nombre de pattes et sont généralement utiles.

2. — Les *arachnides* ont huit pattes et le corps divisé en deux parties. Ils comprennent les *araignées* qui sont utiles, les *scorpions* et les *acariens* qui sont nuisibles.

3. — Les *araignées* ont des crochets venimeux dans la bouche et secrètent de la soie à l'extrémité de l'abdomen. Les *scorpions* ont des pinces comme l'écrevisse et un aiguillon venimeux au bout de la queue. Parmi les *acariens*, on remarque le *sarcopte* de la gale et les *mites* du fromage.

4. — Les *crustacés* ont une enveloppe calcaire et des mues fréquentes. Ils sont généralement aquatiques et respirent par des branchies.

5. — L'*écrevisse* de nos rivières, le *homard*, le *crabe*, la *langouste* et la *crevette* qui vivent dans la mer ont une chair estimée. Les *cloportes* terrestres qu'on trouve dans les lieux humides sont nuisibles.

Exercices et questions d'intelligence. — Pourquoi l'araignée file-t-elle sa toile ? Faut-il se servir de cette toile pour arrêter le sang d'une plaie ? Pourquoi les araignées sont-elles utiles ? Combien l'écrevisse a-t-elle de pattes ? Pourquoi dit-on qu'elle marche à reculons ?

58. — Les Vers

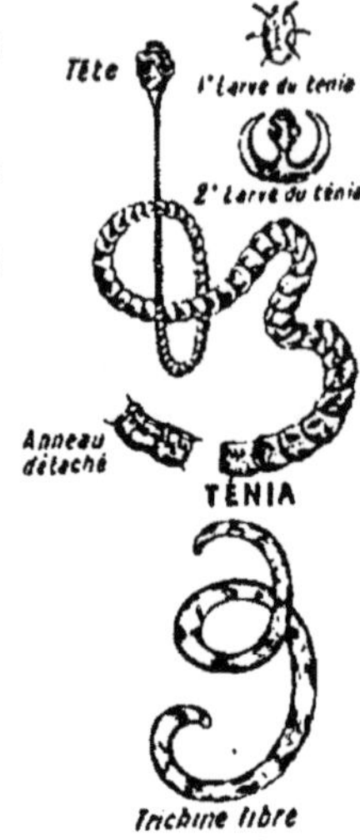

Matériel. — Ver de terre. — Sangsue. — Gravures représentant des vers.

Faits d'observation. — Examiner un ver de terre, une sangsue.

Examiner, à l'aide de gravures, les vers que l'on n'a pas sous la main.

PLAN

1. — Caractères des vers.
2. — Annélides.
3. — Vers parasites.
4. — Vie du ténia.
5. — Dangers de la viande crue ou mal cuite.

RÉSUMÉ

1. — Les *vers*, formés d'un grand nombre d'*anneaux*, sont dépourvus de *pattes articulées* et respirent généralement par la *peau*. On les divise en deux groupes : les *annélides* et les *vers parasites*.

2. — Les *annélides* comprennent le *lombric* (*ver de terre*) pourvu de soies locomotrices et la *sangsue* qui possède deux ventouses, trois mâchoires et onze estomacs où elle digère lentement le sang qu'elle suce.

3. — Les *vers parasites* sont : l'*ascaride*, semblable à un verre de terre, le *ténia* (*ver solitaire*), au corps plat et très long, la *trichine*, petit ver cylindrique de 3 à 4 millimètres de long.

4. — Les œufs du *ténia*, avalés par le porc ou le bœuf, donnent naissance à une sorte de *larve* qui se loge dans leurs muscles et se métamorphose en *ver solitaire* dans le corps de l'homme. Il en est à peu près de même pour la *trichine* qui passe du rat au porc et du porc à l'homme.

5. — On s'expose à prendre le *ténia* en mangeant la viande crue ou mal cuite du bœuf, du mouton et du porc. Ce dernier peut en outre communiquer la *trichinose*, maladie parfois mortelle.

Exercices et questions d'intelligence. — De quoi se nourrit le ver de terre ? Qu'arrive-t-il lorsqu'on le coupe en deux ? Quel rôle joue-t-il dans l'ameublissement du sol ? dans la transmission des maladies contagieuses ? Comment le ver solitaire arrive-t-il dans le corps de l'homme ?

59. — Les Mollusques

Matériel. — Coquilles de mollusques ; — escargot, huître, limace. — Gravures représentant des mollusques.

Faits d'observation. — Examiner et comparer des coquilles de mollusques. Examiner et comparer un escargot, une limace, une huître.

PLAN

1. — Caractères des mollusques	pas d'anneaux. corps mou. corps nu ou avec coquille. terrestres ou aquatiques.
2. — Mollusques terrestres	caractères : pied ventral, 4 tentacules, herbivores. division { avec coquille (escargot). / sans coquille (limace).
3-4. — Mollusques aquatiques	huîtres, moules, tarets } coquilles à deux valves. pas de tête. branchies en lames. poulpe, calmar, seiche } 8 bras avec ventouses.
5. — Utilité	alimentation : escargots, huîtres, moules. perles, nacre : huîtres. sépia (couleur noire) : seiche.

Moule ouverte.

RÉSUMÉ

1. — Les *mollusques* ont le corps *mou*, sans anneaux, souvent protégé par une *coquille* pierreuse à une ou deux valves. Ils vivent sur terre ou dans la mer.

2. — Les *escargots* et les *limaces* sont des mollusques terrestres qui rampent sur un *pied ventral* et dont tête porte quatre *tentacules*. Ils dévorent les feuilles et les jeunes plantes.

3. — Les *huîtres* et les *moules* ont une coquille à deux valves, mais pas de tête. Elles vivent dans la mer et leurs branchies sont en forme de *lames parallèles*.

4. — Le *poulpe*, le *calmar*, la *seiche* sont aussi des mollusques marins. Leur tête est entourée de longs bras ou *tentacules* munis de *ventouses* sur toute leur longueur.

5. — Les escargots, les huîtres et les moules sont recherchés comme *aliments* ; certaines huîtres donnent les *perles* et la *nacre* ; la *sépia* se retire de la seiche. On cultive les huîtres et les moules sur certains rivages (*ostréiculture*).

Exercices et questions d'intelligence. — Quand voit-on principalement des escargots et des limaces ? Où sont les yeux de ces deux mollusques ? Comment fait l'escargot pour grossir ? Pourquoi ferme-t-il sa coquille au commencement de l'hiver ? Les huîtres et les moules peuvent-elles se dépl[illegible] ? Que doit-on faire des huîtres qui s'ouvrent d'elles-mêmes ? Quelle préca[illegible]ut-il prendre quand on mange des escargots ?

60. — Rayonnés. — Protozoaires

Matériel. — Eponges, étoile de mer, oursin. — Foin, verre, eau, microscope. Pierre de taille. — Gravures représentant des rayonnés et des protozoaires.

Faits d'observation. — Examiner des éponges, une étoile de mer, un oursin, ou à défaut, des gravures les représentant.

Examiner au microscope l'eau où ont séjourné quelques brins de foin.

Examiner les foraminifères de la craie, d'une pierre de taille.

PLAN

- 1-4. — Rayonnés
  - Caractères
    - organisation très simple.
    - corps rayonné.
    - libres ou fixés au sol.
    - existence individuelle ou coloniale.
  - Existence individuelle
    - étoile de mer.
    - oursins.
    - anémone de mer.
    - méduses.
    - hydres.
  - Existence coloniale
    - coraux.
    - madrépores.
    - éponges.
- 5. — Protozoaires
  - Caractères
    - unicellulaires.
    - microscopiques.
    - aquatiques.
  - Types
    - infusoires.
    - noctiluques (phosphorescence de la mer).
    - foraminifères (craie).

RÉSUMÉ

1. — Les *rayonnés* sont formés de parties semblables disposées comme les rayons d'une roue. Ils ont une organisation très simple et sont tantôt *libres* tantôt *fixés* au sol.

2. — Les uns vivent *isolément* comme l'*étoile de mer* à 5 bras, les *oursins* ou *châtaignes de mer*, les *anémones de mer*, les *hydres* que l'on peut retourner comme un gant.

3. — Les autres vivent en *colonies ;* tels sont les *coraux*, les *madrépores*, dont le squelette calcaire appelé *polypier* est le résultat du travail d'un grand nombre de générations.

4. — Les *éponges* sont aussi formées par des colonies d'animaux fixés aux rochers sous-marins. En faisant disparaître la matière vivante et les particules calcaires, on obtient l'éponge du commerce.

5. — Les *protozoaires* sont des animaux très voisins des végétaux, presque tous microscopiques et formés d'une ou de plusieurs cellules semblables. Ils pullulent dans les eaux douces, dans les infusions et dans la mer.

Exercices et questions d'intelligence. — Pourquoi certains rayonnés sont-ils encore appelés *zoophytes* ? Quelle est l'origine des récifs voisins de certaines îles ? Quelle est la forme des îles madréporiques ? Comment s'est formée la craie ? A quoi est due la phosphorescence de la mer ?

61. — Animaux domestiques

Matériel — Gravures représentant différentes races d'un même animal domestique.

Faits d'observation. — Examiner et comparer les races d'une même espèce d'animaux pour mettre en relief les qualités qui leur sont propres.

PLAN

1. — Ce qu'on appelle animaux domestiques.

2. — Utilité des animaux domestiques
   - produits utiles : force, viande, lait, œufs, laine, fumier.
   - utilisation : des sols pauvres, des déchets sans valeur.

3. — Les animaux domestiques sont des machines vivantes.

4. — Organisation des animaux domestiques.

5. — Amélioration
   - qualités héréditaires : sélection, choix de bons reproducteurs.
   - qualités acquises : régime (nourriture, hygiène).

RÉSUMÉ

1. — Les *animaux domestiques* sont ceux que l'homme élève pour son profit.

2. — Ils transforment la nourriture qu'ils absorbent en produits utiles (*force, viande, lait, œufs, laine*, etc.) et permettent de tirer parti des *sols pauvres* et des *déchets* de peu de valeur.

3. — On peut considérer les animaux domestiques comme des *machines vivantes* dont le *foyer*, les *roues*, le *charbon* seraient représentés par l'*estomac*, les *jambes*, les *aliments*.

4. — Par leur organisation, ils se rapprochent de l'homme ; comme lui, ils se *nourrissent*, *respirent*, *sentent*, se *meuvent* et sont soumis aux mêmes règles d'hygiène.

5. — On *améliore* les races d'animaux par la *sélection*, le *choix* de bons reproducteurs et un *régime* sagement établi. En général, il vaut mieux perfectionner les races locales que d'introduire des races étrangères.

Exercices et questions d'intelligence. — Pourquoi dit-on que « le bétail est l'âme de la ferme ? » De quoi se nourrissent en général les animaux domestiques ? « Pour avoir un beau cheval, disent les Anglais, il faut papa, maman et coffre à avoine ». Expliquez ce que cela veut dire. Quels sont les animaux domestiques élevés dans la région ?

62. — Alimentation du Bétail

Matériel. — Tourteaux, avoine, orge, maïs, sarrasin, son, vesce, balles de céréales. — Gravures représentant les instruments qui servent à préparer les aliments.

Faits d'observation. — Examiner les aliments des animaux en utilisant les échantillons du musée ou en recourant à l'obligeance des cultivateurs.

Examiner des gravures représentant un hache-paille, un coupe-racines, un concasseur, un aplatisseur.

Parler de la nature, de la préparation et de la distribution des aliments aux animaux domestiques de la localité.

PLAN

1\. — But de l'alimentation.

2\. — Aliments ; composition, digestibilité, sortes.

3\. — Relation nutritive : $\frac{\text{matière azotée}}{\text{matière non azotée}}$ = par exemple $\frac{1}{5}$

4\. — Préparation :
- Hachage : paille, betterave.
- Concassage : tourteaux, grains.
- Aplatissage : avoine.
- Macération : grains, farine.
- Fermentation : betteraves.
- Cuisson : tubercules, grains.
- Salaison : foin.

5\. — Ration alimentaire :
- Définition.
- Composition.
- Sortes : ration d'entretien et ration de production.
- Boisson : eau potable.

RÉSUMÉ

1\. — *L'alimentation des animaux* a pour but de développer et d'entretenir leur corps pour en tirer le meilleur parti.

2\. — La valeur des aliments dépend des *matières nutritives* qu'ils renferment et de leur *digestibilité*. Ils sont *riches* comme le foin, les grains, les tourteaux, ou pauvres tels que les pailles, les pulpes de betteraves.

3\. — Dans le *foin*, type des aliments complets, le poids des matières azotées et celui des matières non azotées sont entre eux comme 1 est à 5 : c'est ce qu'on appelle sa *relation nutritive* qui s'exprime par la fraction 1/5.

4\. — On rend les aliments plus digestibles par le *hachage*, le *broyage* ou *concassage*, l'*aplatissage*, la *macération*, la *fermentation*, la *cuisson* et la *salaison*.

5\. — La *ration* est la quantité d'aliments à donner à un animal pendant 24 heures ; sa composition varie avec la valeur nutritive des aliments, les exigences de l'animal et le rendement qu'on en veut obtenir.

Exercices et questions d'intelligence. — Pourquoi dit-on que « si bien nourrir un animal coûte cher, le mal nourrir coûte encore plus cher » ? Pourquoi aplatit-on parfois l'avoine au lieu de la concasser ? Que place-t-on dans les bergeries pour que les moutons aient du sel à discrétion ? Qu'appelle-t-on *ration d'entretien* ? *ration de production* ?

63. — Hygiène des Animaux domestiques

Matériel. — Étrille, brosse, couteau de chaleur, etc..

Faits d'observation. — Examiner les objets utilisés au pansage.
Remarquer la tenue des écuries et des étables de la localité ainsi que les soins donnés aux animaux domestiques.

PLAN

1. — Logement
   - installation : volume, aération, éclairage, sol ; râteliers, crèches, auges, bat-flancs.
   - désignation : écurie, étable, porcherie, bergerie, poulailler, clapier, pigeonnier.
2. — Soins de propreté
   - blanchiment à la chaux.
   - litières (abondantes et fréquentes).
   - pansage quotidien (étrille, brosse, éponge, etc.)
   - lavages et bains périodiques.
3. — Repas
   - pâturage ou stabulation.
   - régularité, nombre des repas.
   - changement de régime (transition à ménager).
4. — Hygiène générale.
5. — Loi Grammont ; Société protectrice des animaux.

RÉSUMÉ

1. — Le *logement* des animaux doit être *propre, aéré, éclairé* et de température *modérée*. Le sol, légèrement en pente, sera *étanche* et les *râteliers* seront munis de *mangeoires*.

2. — On entretiendra la propreté des animaux par des *litières* abondantes et fréquemment renouvelées, par un *pansage* quotidien, par des *lavages* et des *bains* souvent répétés.

3. — Les animaux doivent recevoir une *nourriture suffisante* et à des *heures régulières*. En cas de changement de régime, il importe de ménager la transition pendant quelque temps.

4. — Il faut éviter le *travail prématuré*, le *surmenage*, les *changements brusques* de température, les *mauvais traitements*. Les animaux rapportent davantage quand ils sont bien soignés et traités avec douceur.

5. — La *loi Grammont* punit ceux qui maltraitent les animaux domestiques et la *Société protectrice des animaux* récompense ceux qui cherchent à améliorer leur sort.

Exercices et questions d'intelligence. — Comment assure-t-on l'aération des habitations des animaux domestiques ? Comment empêche-t-on le gaspillage des aliments dans les écuries et les étables ? Pourquoi peut-on dire qu'un coup d'étrille vaut un picotin d'avoine ? A quel moment faut-il faire boire les animaux ? Pourquoi est-ce un mauvais calcul que de négliger les animaux de ferme ?

64. — Le Cheval

Matériel. — Gravures se rapportant au cheval, à l'âne, au mulet.

Faits d'observation. — Déterminer la race de chevaux de la localité. Remarquer le mode d'élevage suivi par les cultivateurs. Examiner, à l'aide de gravures, les caractères des principales races de chevaux

PLAN

1. — Caractères { estomac. intestins. dentition. pieds.

2. — Races { gros trait. trait léger. de selle.

3. — Elevage { nourriture. soins. traitements. refroidissements.

4. — { maladies (gourme, colique, paralysie, etc.) vices rédhibitoires (morve, farcin, tic, etc.)

5. — Ane, mulet.

Dentition du cheval.

RÉSUMÉ

1. — Le *cheval* a un estomac simple et peu développé, les intestins volumineux, le pied enveloppé dans un sabot et trois sortes de dents laissant entre elles un espace vide où se place le mors.

2. — Le cheval est un animal de *trait* et un *coursier* rapide. La race *boulonnaise* fournit des chevaux de gros trait, la race *percheronne* des chevaux de trait léger et les races *anglo-normande* et du *midi* des chevaux de luxe et de selle.

3. — Le cheval est *délicat* et réclame une nourriture *riche* à base d'avoine. Il faut le traiter avec douceur, le tenir proprement et le préserver des refroidissements et des courants d'air.

4. — Le cheval est sujet à certaines maladies comme la *gourme*, la *colique*, la *paralysie* et à des *vices rédhibitoires* qui peuvent en faire annuler la vente.

5. — L'*âne* est rustique, sobre et patient; le *mulet* a le pied très sûr. Tous deux réclament les mêmes soins que le cheval et sont surtout élevés dans les pays de montagnes.

Exercices et questions d'intelligence. — Pourquoi ferre-t-on un cheval? Comment reconnaît-on son âge? Pourquoi court-il mieux que le bœuf? Pourquoi dit-on que « l'âne est le cheval du pauvre »? Quel résultat les mauvais traitements produisent-ils sur l'âne? Pourquoi préfère-t-on les mulets aux chevaux pour transporter les canons de montagne?

65. — Le Bœuf

Matériel. Cornes de bœuf, trocart, gravures se rapportant au bœuf.

Faits d'observation. — But de l'élevage de l'espèce bovine dans la localité.
Examiner l'estomac d'un ruminant (*Voir page 84*) et les principales races de l'espèce bovine.
Examiner un trocart si l'on peut s'en procurer un.

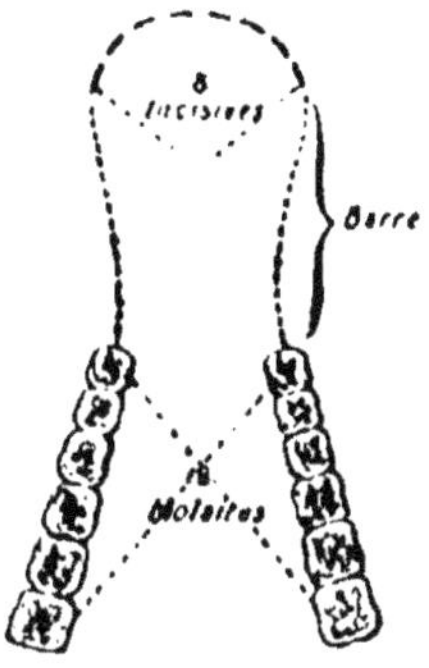

Dentition du bœuf.

PLAN

1. — Caractères : cornes, sabots, dents, estomac.
2. — Utilité : lait, travail, viande, peau, engrais, etc.
3. — Variétés : lait, travail, viande.
4. — Races : lait, travail, engraissement.
5. — Elevage : nourriture (stabulation ou pâturage), maladies.

RÉSUMÉ

1. — *L'espèce bovine* est caractérisée par deux cornes courbes, deux sabots aux pieds, une dentition incomplète et un estomac quadruple formé de la *panse*, du *bonnet*, du *feuillet*, et de la *caillette*.
3. — Elle nous donne du *lait*, du *travail*, de la *viande* et divers produits accessoires (peau, os, cornes, engrais).
4. — Les *vaches bonnes laitières* ont la peau fine, l'écusson large, les veines du ventre et les mamelles volumineuses. Le *bœuf de travail* a les membres puissants, le cou bien musclé, l'allure vive. Le *bœuf de boucherie* a la tête fine, les membres courts et les parties charnues très développées.
4. — Les vaches *hollandaises*, *flamandes*, *normandes*, *bretonnes* sont bonnes laitières; les races *garonnaise*, *auvergnate*, *nivernaise* sont propres au travail; les bœufs *charollais* et les *Durham* s'engraissent facilement.
5. — Les animaux de l'espèce bovine exigent une nourriture abondante et appropriée à leur destination. Ils sont exposés à diverses maladies comme la *météorisation*, la *fièvre aphteuse*, la *tuberculose*, le *charbon*,

Exercices et questions d'intelligence. — Comment appelle-t-on le mâle, la femelle et le petit de l'espèce bovine? Quel nom donne-t-on à l'intervalle libre entre les molaires et les incisives de la mâchoire inférieure chez les ruminants? Qu'est-ce qui tient lieu d'incisives à leur mâchoire supérieure? En quoi consiste l'élevage en stabulation? au pâturage? Quelles sortes d'aliments faut-il donner aux vaches pour augmenter la production du lait? Combien fait-on de traites par jour dans la localité? A quelles obligations est soumis le propriétaire d'un animal atteint d'une maladie contagieuse?

66 — Le Lait

Matériel — Lait, beurre, fromage; — vinaigre; — Gravures représentant les ustensiles et les appareils de la laiterie.

Faits d'observation — Se rendre compte comment on fait le beurre et le fromage dans la localité.
Coaguler du lait au moyen du vinaigre.
Examiner les appareils servant à fabriquer le beurre, le fromage.

PLAN

1. — Le lait
   - Définition : nature, couleur, saveur.
   - Composition approximative
     - eau.......... 87 %
     - beurre....... 4 %
     - caséine...... 4 %
     - lactose...... 4 %
     - sels minéraux 1 %

2. — Propriétés ; coagulation.

3. — Usages : aliment, fabrication du beurre et du fromage.

4. — Beurre : écrémage, barattage, lavage, malaxage (spatules ou malaxeurs).

5. — Fromages
   - maigres : fromage à la pie.
   - gras
     - frais : fromages suisses.
     - fermentés
       - pâte molle : Brie, Camembert, Livarot;
       - pâte dure : Hollande, Cantal, Roquefort, Gruyère (cuit).

RÉSUMÉ

1. — Le *lait* est un liquide opaque, blanc et de saveur sucrée. Il est composé d'*eau*, de *beurre*, de *caséine*, de *lactose* et de *sels minéraux*.

2. — Le lait est très altérable et exige de grands soins de propreté. Sous l'action d'un acide, il se *coagule*; quand il est abandonné à l'air, la *crème* monte à la surface.

3. — Le lait est un aliment complet consommé en nature ou transformé en *beurre* et en *fromage*. Sa manipulation se fait à la *laiterie* qui doit être *fraîche*, *aérée* et *propre*.

4. — La fabrication du beurre comprend l'*écrémage*, le *barattage*, le *lavage* et le *malaxage*.

5. — On obtient les fromages en coagulant la caséine au moyen de la *présure*. Ils sont *maigres* ou *gras*, *frais*, *fermentés à pâte molle* ou à *pâte dure*.

Exercices et questions d'intelligence. — Comment fait-on pour conserver le lait? Quelle précaution faut-il prendre quand on le consomme? Pourquoi est-il filtré (coulé) après la traite? Pourquoi le place-t-on dans des terrines évasées quand on veut en retirer la crème? Est-il préférable d'employer une écrémeuse centrifuge pour séparer la crème du lait? Comment conserve-t-on le beurre? Pourquoi passe-t-on à l'eau bouillante les cruches destinées à porter le lait? Quand dit-on que «le lait tourne»?

67. — Le Mouton

Matériel. — Laine — Gravures se rapportant au mouton et à la chèvre.

Faits d'observation. — Mode d'élevage des moutons dans la localité. Examiner de la laine.

Comparer, d'après des gravures, les différentes races de l'espèce ovine.

PLAN

1. — Caractères { membres, cornes, sabots, laine, dents, estomac.
2. — Utilité : laine, chair, lait, fumier.
3. — Races : laine, chair, lait, laine et chair.
4. — Elevage { nourriture (pâturage), intempéries, maladies.
5. — La chèvre : utilité.

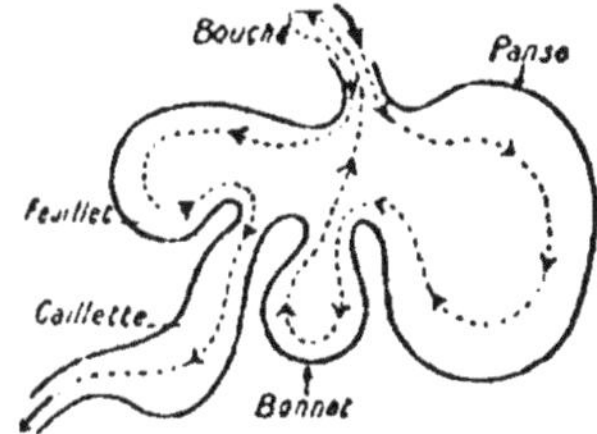

Estomac des ruminants.

RÉSUMÉ

1. — Le *mouton* est un ruminant de petite taille, aux cornes enroulées, aux membres grêles terminés par deux sabots. Il a la même dentition que le bœuf.

2. — Le mouton, excellent glaneur, fournit sa *laine*, sa *chair*, son *lait* et un bon *fumier*. La qualité d'une *laine* dépend de sa souplesse, de sa résistance, de ses ondulations.

3. — Les *mérinos* donnent la laine la plus fine ; les *bretons* et les *berrichons* ont une chair estimée ; les *aveyronnais* donnent du lait ; les *Dishley* et les *Southdown* sont élevés pour leur laine et pour leur chair.

4. — Le mouton craint l'*humidité* et la *grande chaleur* ; il est exposé à certaines maladies comme la *météorisation*, la *gale*, la *clavelée*, le *piétin*, le *tournis*, le *charbon*.

5. — La *chèvre*, plus rustique que le mouton, est une excellente laitière dont le poil et la peau sont utilisés dans l'industrie. La chair des *chevreaux* est assez estimée.

Exercices et questions d'intelligence. — Pourquoi le mouton trouve-t-il à manger là où le bœuf ne peut plus se nourrir ? Pourquoi lave-t-on les moutons avant de les tondre ? Comment se fait la tonte des moutons ? Comment utilise-t-on le lait de brebis ? Pourquoi les portes de la bergerie doivent-elles s'ouvrir de dedans en dehors ? Pourquoi [illegible]-il tenir la chèvre éloignée de toute plantation ? Pourquoi l'appelle-t-on la *vache du pauvre* ? Où l'élève-t-on de préférence ?

68. — Le Porc

Matériel.— Gravures se rapportant au porc.

Faits d'observation. — Elevage des porcs dans la localité.

Examiner, à l'aide de gravures, les principales races de porcs.

Viande de porc trichiné.

PLAN

1. — Caractères : membres, pieds, dents, soies, groin.
2. — Utilité : chair, graisse, soies.
3. — Utilisation de sa chair.
4. — Races françaises et étrangères.
5. — Elevage : nourriture, hygiène, maladies.

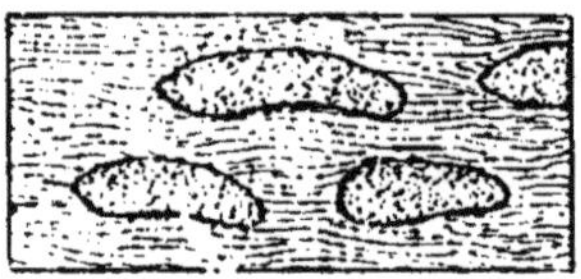

Viande de porc ladre.

RÉSUMÉ

1. — Le *porc* est un mammifère omnivore à dentition complète, Sa peau est recouverte de *soies* et ses membres se terminent par quatre doigts dont deux seulement reposent sur le sol.

2. — Le porc nous donne sa *chair*, sa *graisse*, ses *soies*. C'est un animal très précieux qui permet d'utiliser la plupart des déchets domestiques.

3. — La chair du porc est consommée sous différentes formes : *lard*, *jambons*, *saucissons*, *saindoux*, *rillettes*, *boudins*, *andouilles*. La plupart de ces préparations se conservent au moyen du sel.

4. — Les races *bretonne*, *craonnaise*, *périgourdine* sont rustiques et donnent une bonne viande, les *Yorkshire* sont exigeants et fournissent une viande abondante, mais de qualité inférieure.

5 — Les porcs mangent surtout des féculents et des farineux délayés dans des eaux de laiterie ou de cuisine. Ils aiment la propreté et sont sujets à certaines maladies (*ladrerie*, *trichinose*, *rouget*).

Exercices et questions d'intelligence. — Comment appelle-t-on le mâle, la femelle et le petit du porc? L'expression : sale comme un porc, est-elle exacte ? Quelle précaution faut-il prendre quand on mange de la chair de porc? Pourquoi ne doit-on pas laisser les porcs chercher leur nourriture dans les ordures. A quoi utilise-t-on les porcs dans le Périgord ?

69. — La Basse-Cour

Matériel. — Œuf, duvet. — Gravures représentant les animaux de la basse-cour.

Faits d'observation. — Élevage des animaux de basse-cour dans la localité; races auxquelles ils appartiennent.
Examiner les gravures.

PLAN

1. — Composition de la basse-cour.
2. — La poule : élevage (poulailler), incubation, produits, maladies.
3. — Races de poules : œufs, chair.
4. — Le dindon, la pintade, les pigeons, le canard, l'oie.
5. — Le lapin : élevage (clapier), produits.

RÉSUMÉ

1. — La *basse-cour* est l'endroit où on élève les *volailles* et les *lapins*. Les volailles sont la *poule*, le *dindon*, la *pintade*, les *pigeons*, le *canard*, l'*oie*.

2. — La *poule* est une excellente glaneuse ; elle nous donne ses œufs et sa chair. Il lui faut un *poulailler* sec, propre, aéré. Elle est sujette à la *pépie* et au *choléra*.

3. — La *poule commune* et la *cochinchinoise* sont bonnes pondeuses ; les races *du Mans* et de la *Bresse* s'engraissent facilement ; celles de *Houdan* et de *Crèvecœur* sont précoces et leur chair est délicieuse.

4. — Le *dindon* et la *pintade* nous donnent une chair estimée ; celle des *pigeonneaux* est très délicate. Le *canard* et l'*oie* nous fournissent leurs œufs et leur chair.

5. — Le *lapin* est élevé pour sa chair et pour son poil. On le nourrit d'herbes, de légumes et de grains. Son *clapier* doit être tenu très proprement.

Exercices et questions d'intelligence. — Faut-il laisser les poules picoter sur le fumier ? aller sur les greniers, dans les écuries et dans les granges ? Pourquoi est-il nécessaire qu'elles trouvent des graviers calcaires ? Pourquoi ne tolère-t-on pas la poule dans les jardins quoiqu'elle mange les vers et les insectes ? Que met-on dans le poulailler pour que les poules se reposent ? pour recevoir les œufs ? Quelle doit être la température des couveuses artificielles ? A quelle époque les poules commencent-elles à pondre ? quand couvent-elles ? Comment reconnaît-on les œufs frais ? Pourquoi élève-t-on beaucoup d'oies et de canards dans les villages situés au bord des cours d'eau ? Doit-on donner de l'herbe humide aux lapins ? Est-il nécessaire de leur donner à boire ?

CHAPITRE III

Trimestres de Printemps et d'Été

Le Sol et les Végétaux

70. — L'Ecorce terrestre

Matériel. — Roches diverses, fossiles. — Gravure représentant la coupe de la terre et carte géologique de la France.

Faits d'observation. — Examiner une roche ignée, une roche sédimentaire et se rendre compte de leur différence de dureté.

Examiner des fossiles, des empreintes de houille.

Observer les flancs d'une tranchée de chemin fer et remarquer la nature des différentes couches de terrain.

PLAN

1. — Composition de l'écorce terrestre; sortes de roches.
2. — Origine des roches.
3. — Caractères des roches.
4. — Epoques géologiques.
5. — Caractères des terrains

5. — Caractères des terrains	*primitifs*	granit, gneiss, schistes; pas de fossiles.
	primaires	marbre, grès, ardoises, minerais, houille. crustacés, poissons, batraciens.
	secondaires	calcaires, grès, argiles, sel, minerais. mollusques, reptiles.
	tertiaires	argiles, sables, calcaires, meulières, gypse. oiseaux, mammifères.
	quaternaires	alluvions, glaciers; éléphants, ours, rennes, etc. homme (silex taillés, silex polis, bronze, fer).

RÉSUMÉ

1. — La terre est formée d'un *noyau central* à l'état incandescent et d'une *écorce solide* composée de *roches*. On distingue les *roches ignées* et les *roches sédimentaires*.

2. — Les *roches ignées* sont dues à la solidification des matières en fusion du noyau central; les *roches sédimentaires* proviennent de la désagrégation des roches ignées sous l'action de l'eau et des agents atmosphériques.

3. — Les roches ignées ont l'*aspect cristallin* et se présentent en *masses* et *sans fossiles*; les roches sédimentaires, généralement *ternes*, sont disposées par *couches* et renferment des *fossiles*.

4. — Les diverses espèces de roches ont été formées à des époques différentes, c'est pourquoi on distingue les terrains *primitifs*, *primaires, secondaires, tertiaires*, *quaternaires*.

5. — Les *terrains primitifs* sont caractérisés par des roches cristallines sans fossiles; dans les *terrains primaires* on trouve de la houille et des crustacés; dans les *terrains secondaires*, de la craie et des reptiles; dans les *terrains tertiaires*, des calcaires grossiers et des mammifères; dans les *terrains quaternaires*, des alluvions, des animaux d'aujourd'hui et l'homme.

Exercices et questions d'intelligence. — De combien s'accroît la température à mesure qu'on s'enfonce dans la terre? A quoi peut-on comparer l'écorce terrestre eu égard au volume de la terre? Pourquoi n'y a-t-il pas de fossiles dans les roches ignées? Pourquoi les roches sédimentaires se forment-elles en couches horizontales? Pourquoi ces couches sont-elles parfois relevées? A quelle époque appartiennent les roches de votre région?

71. — Roches ignées

Matériel. — Echantillons divers de roches ignées ; — Acides.

Faits d'observation. — Examiner un échantillon de roche ignée ; montrer les autres.

Rayer le verre avec un morceau de quartz ou de silex.

Constater l'action des acides sur les roches ignées.

PLAN

1. — Roches ignées ; sortes ; éléments constitutifs.
2. — Granit ; composition.
3. — Porphyre ; composition.
4. — Roches volcaniques : basaltes, laves.
5. — Usages des roches ignées.

RÉSUMÉ

1 — Le *granit*, le *porphyre* et les *roches volcaniques* sont les roches ignées les plus répandues. Leurs principaux éléments sont : le *quartz* formé de silice cristallisée, le *mica* et le *feldspath* composés de plusieurs sels de silice.

2. — Le *granit* est surtout formé de feldspath rose ou blanc, de cristaux de mica noir et de quartz transparent également cristallisé.

3. — Le *porphyre* se présente sous l'aspect d'une pâte feldspathique enveloppant des cristaux de feldspath et de quartz plus ou moins volumineux.

4. — Les *roches volcaniques* sont les *basaltes* à pâte feldspathique disposés parfois en belles colonnes prismatiques et les *laves* très variables dans leur composition.

5. — Le *granit* et le *porphyre,* susceptibles d'un beau poli, sont utilisés dans la décoration. Le *mica,* qui peut se diviser en feuillets transparents, trouve son emploi dans les appareils de chauffage et d'éclairage.

Exercices et questions d'intelligence. — Y a-t-il des roches ignées dans la région ? Dans quelle partie de la France en rencontre-t-on ? Où trouve-t-on en France des roches volcaniques ? Les roches ignées sont-elles utilisées dans votre localité ? à quels usages ?

72. — Roches Sédimentaires

Matériel. — Terre, flacon, eau, acide chlorhydrique.— Echantillons de diverses sortes de roches sédimentaires.

Faits d'observation et expériences. — Agiter de la terre dans un flacon renfermant de l'eau ; l'argile se délaye ; décanter et recommencer jusqu'à ce que l'eau soit claire ; ajouter de l'acide chlorhydrique jusqu'à ce que le calcaire cesse de faire effervescence, décanter, il reste du sable.
Examiner un échantillon de roche argileuse, de roche calcaire, de roche siliceuse ; montrer les autres. — Constater l'action de l'acide chlorhydrique sur chaque nature de roche ; remarquer que le silex donne des étincelles sous le choc d'une lame de couteau ; se rendre compte de la différence de dureté des roches au moyen de l'ongle, d'un couteau, du verre.

PLAN

1. — Composition des roches sédimentaires.
2. — Roches argileuses : caractères, sortes, usages.
3. — Roches calcaires : caractères, sortes, usages.
4. — Roches siliceuses : caractères, sortes, usages.
5. — Autres roches sédimentaires.

RÉSUMÉ

1. — Les éléments principaux des *roches sédimentaires* se trouvent dans la terre végétale. Ces éléments sont l'*argile*, le *calcaire* et la *silice*.

2. — Les *roches argileuses* ne font pas effervescence avec les acides et se laissent facilement rayer. Les principales sont : le *kaolin*, l'*argile plastique*, la *terre glaise*, les *ardoises*.

3. — Les *roches calcaires* font effervescence sous l'action des acides et peuvent être rayées au couteau. Les principales sont : le *spath d'Islande*, la *craie*, la *pierre à bâtir*, la *pierre lithographique*, le *marbre*, la *marne*.

4. — Les *roches siliceuses* ne font pas effervescence avec les acides et ne peuvent être rayées au couteau. Les principales sont : le *quartz*, *le silex*, la *pierre meulière*, le *sable*, le *grès*, le *tripoli*.

5. — Les roches sédimentaires comprennent aussi les *roches combustibles* (houille, pétrole), les *minéraux métallurgiques* (minerais), les *phosphates*, le *sel marin*, le *gypse*.

Exercices et questions d'intelligence. — Y a-t-il des roches sédimentaires dans la région ? Y trouve-t-on des fossiles ? Comment utilise-t-on ces roches ? Pourquoi les ardoises sont-elles de couleur foncée ? A quoi servait le silex autrefois ? Pourquoi silex prend-il feu sous le choc de l'acier ? En quoi sont faits les pavés des rues ? les pierres à aiguiser les faux ? Avec quelle roche peut-on rayer le verre ?

73. — Phénomènes actuels

Matériel. — Gravures montrant des côtes rocheuses, des dunes, des glaciers.

Faits d'observation. — Observer le bas d'une côte après une pluie d'orage. Remarquer les bancs de sable et les dépôts d'alluvion de certains cours d'eau.

PLAN

1. — Modifications de l'écorce terrestre sous l'action de
   - l'air : poussières, dunes,
   - l'eau : érosion, édification.
   - la chaleur centrale : mouvements du sol, volcans, geysers, filons, sources thermales.
2. — Action de l'air
   - érosion : poussières transportées par le vent.
   - édification : dunes.
3. — Action de l'eau
   - mer : érosion des rochers, dépôts de sédiments.
   - eau de ruissellement : ravinements, dépôts d'alluvion.
   - eau d'infiltration : grottes, stalactites, stalagmites, pétrification
   - glaciers : désagrégation des roches, boues glaciaires.
4. — Mouvements du sol
   - lents (insensibles et continus).
   - temblements de terre (busques et intermittents),
5. — Volcans : actifs (action continue ou discontinue), éteints (puys).

RÉSUMÉ

1. — *L'écorce terrestre* est sans cesse modifiée par l'*air*, par l'*eau*, dont l'action est tantôt destructive, tantôt édificatrice, et par la *chaleur centrale*, cause des mouvements du sol et des éruptions volcaniques.

2. — Le *vent* transporte la poussière du sol dans les dépressions et édifie des dunes de sable dans les déserts et sur certains rivages.

3. — La *mer* désagrège les côtes rocheuses et en accumule les débris sous forme de sédiments ; l'*eau de ruissellement* ravine le sol et crée les terrains d'alluvion ; l'*eau d'infiltration* creuse des grottes et dissout des matériaux qu'elle dépose plus tard ; enfin les *glaciers* rongent les roches et amassent des dépôts à leur base.

4. — La terre éprouve deux sortes de mouvements : des *mouvements lents*, insensibles et continus, et des *tremblements de terre*, brusques et intermittents.

5. — Les *volcans* mettent le feu central en communication avec l'extérieur au moyen des fractures du sol. Les *geysers*, les *filons*, les *eaux thermales* sont aussi des manifestations du feu central.

Exercices et questions d'intelligence. — Comment fixe-t-on les sables des dunes ? A quelle condition l'eau dissout-elle les roches calcaires ? Qu'est-ce qu'une eau *incrustante* ? Co[illegible] se forment les cordons littoraux ? Comment se produit la barre à l'embouc[illegible] de certains fleuves ? Pourquoi Aigues-Mortes, qui était autrefois un port maritime se trouve maintenant loin de la mer ? Pourquoi les terrains sont-ils fertiles dans les vallées ? Comment constate-t-on la marche d'un glacier ? Comment se répartissent les volcans à la surface du globe ? Pourquoi les eaux thermales sont-elles en même temps minérales ?

CULTURES DÉMONSTRATIVES

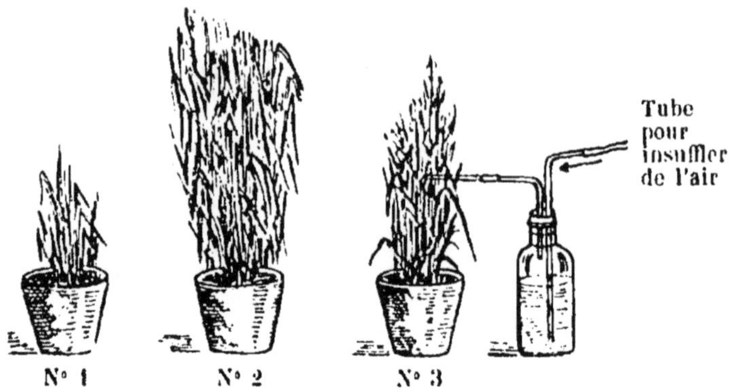

Culture montrant l'action fertilisante des produits liquides et gazeux du fumier.
1. Témoin. — 2. Contient du purin. — 3. Récolte les gaz du fumier.

Après la germination

Engrais par kilogr. de terre.	Témoin	Engrais complet	Sans azote
Nitrate de soude	»	5 grammes	»
Superphosphate.	»	3 —	3 grammes
Chlorure de potassium......	»	1 —	1 —

A la Maturité

Culture montrant la solidarité entre les éléments des engrais.

74. — Le Sol

Matériel. — Calcaire, acide chlorhydrique; — argile, plaque mince de fer ou de cuivre, lampe à alcool ; — terreau, sable, verres ; — terre de la localité, balance.

Faits d'observation et expériences. — Observer le sol et le sous-sol dans une tranchée, dans une carrière à ciel ouvert.

Verser de l'acide sur du calcaire : constater l'effervescence.

Placer de l'argile humectée sur une plaque de fer chauffée: l'argile se fendille.

Placer du terreau sur la même plaque chauffée : il se dégage de la fumée e. il reste des cendres.

Verser de l'eau dans 2 verres ou dans 2 entonnoirs contenant, l'un du sable, l'autre de l'argile: constater que le sable est perméable tandis que l'argile ne l'est pas.

Analyse d'une terre : prise d'échantillon, dessication, calcination (perte de l'humus), délayage dans l'eau et décantation (perte de l'argile), traitement par l'acide chlorhydrique (perte du calcaice), reste (poids du sable).

PLAN

1. — Le sol; son importance.
2. — Le sous-sol ; son rôle.
3. — Eléments constitutifs du sol ; leur origine.
4. — Propriétés des éléments du sol.
5. — Analyse approximative du sol.

RÉSUMÉ

1. — Le *sol végétal* est la couche superficielle de la terre où s'effectuent la germination des graines et le développement des racines.
2. — Il repose sur le *sous-sol* qui exerce sur lui une grande influence.
3. — Les *éléments constitutifs* du sol sont : le *sable*, l'*argile*, le *calcaire*, provenant de la désagrégation des roches, et le *terreau*, produit par la décomposition des matières organiques.
4. — Le *calcaire* et le *sable* rendent les sols meubles, perméables; l'*argile* leur donne de la consistance, de l'imperméabilité ; l'*humus* divise et augmente leur humidité.
5. — L'*analyse approximative* du sol comprend : la prise d'échantillon, la dessication, le pesage d'une certaine quantité, puis la détermination de l'humus (*calcination*), de l'argile (*délayage* et *décantation*), du calcaire (*acide chlorhydrique*) et du sable.

Exercices et questions d'intelligence. — Est-il indifférent que l'épaisseur du sol végétal soit plus ou moins grande ? Où trouve-t-on les sols les plus profonds? Dans quel cas peut-on modifier le sol au moyen du sous-sol et comment opère-t-on ? Comment les cultivateurs peuvent-ils connaître la composition exacte de leurs terres? N'ont-ils pas intérêt à s'associer pour avoir ce renseignement aussi économiquement que possible?

75. — Les différents Sols

Matériel. — 4 pots à fleurs remplis de terre médiocre, purin, orge.

Faits d'observation et expériences. — Verser par fractions sur un pot à fleurs rempli de terre un volume de purin à peu près égal à la moitié du pot : il s'écoulera un liquide décoloré et désinfecté. — Quand la terre sera ressuyée, l'arroser d'un volume d'eau triple de celui du pot : l'eau s'écoulera limpide sans que sa saveur soit modifiée.

Semer quelques grains d'orge dans 3 pots remplis de terre médiocre ; le premier sera arrosé avec de l'eau, le 2ᵉ et le 3ᵉ avec du purin, mais ce dernier recevra aussitôt plusieurs lavages : remarquer dans la suite la différence frappante entre le 1ᵉʳ semis et les deux autres qui auront une végétation à peu près identique.

PLAN

1. — Classification des sols.
2. — Composition des terres franches.
3. — Caractères des sols.
4. — Aptitude productive des terrains.
5. — Pouvoir absorbant du sol.

RÉSUMÉ

1. — Les terres qui renferment le *sable*, la *chaux*, l'*argile* et l'*humus* en proportions convenables sont appelées *terres franches* ; les autres sont dites *sablonneuses*, *argileuses*, *humifères* d'après l'élément dominant.
2. — Les *terres franches* renferment de 50 à 70 % de sable, de 20 à 30 % d'argile, de 5 à 10 % de calcaire pulvérulent et autant d'humus.
3. — Les *sols calcaires* et *siliceux* sont secs et faciles à cultiver, les *sols argileux* sont froids et difficiles à cultiver, les *sols humifères* sont acides, humides et de couleur noire, les *terres franches* sont douces au toucher et se travaillent facilement.
4. — Les *terrains siliceux* conviennent à la vigne, à la pomme de terre ; les *terrains calcaires*, à l'orge, au sainfoin ; les *terrains argileux*, aux choux, au blé ; les *terrains humifères*, au houblon, au colza et les *terres franches*, à toutes les cultures.
5. — Le *sol*, grâce à l'argile et à l'humus qu'il contient, a la propriété de *fixer* les matières fertilisantes, à l'exception des nitrates : c'est ce qu'on appelle son *pouvoir absorbant*.

Exercices et questions d'intelligence. — Qu'appelle-t-on terres *fortes*, terres *légères* ? terres *froides*, terres *chaudes* ? Quelle est la nature des terres de votre localité ? de la région ? Quelle sorte de fumier met-on de préférence dans les terres légères ? dans les terres fortes ? Quels terrains sont souvent fendillés en été ? Quelles plantes poussent spontanément dans les terres franches ? dans les terres argileuses ? dans les terres calcaires ? dans les terres siliceuses ? Qu'appelle-t-on terrains *tourbeux* ?

76. — Amendements et Stimulants

Matériel. — Chaux, plâtre ; — pots à fleurs, orge.

Faits d'observation. — Examiner de la chaux, de la marne, du plâtre. Semer quelques grains d'orge dans un pot percé et dans un autre pot non percé ; arroser souvent ; constater le résultat.

PLAN

1. — Amendements ; leur rôle.
2. — Chaulage et marnage.
3. — Irrigation : modes, époque.
4. — Drainages ; modes.
5. — Stimulants ; plâtre.

RÉSUMÉ

1. — Les *amendements* corrigent les défauts des terres et favorisent la dissolution des substances utiles aux plantes.

2. — Le *chaulage* et le *marnage* ameublissent le sol et lui enlèvent son acidité ; mais ils ne dispensent pas de l'emploi des engrais.

3. — L'*irrigation* consiste à arroser le sol avec des eaux aérées et limoneuses. Elle se fait principalement au printemps par *submersion*, par *ruissellement* et par *infiltration*, en ayant soin que l'eau circule partout et ne s'arrête nulle part.

4. — Le *drainage* enlève l'excès d'eau, favorise l'arrivée de l'air et provoque le développement des plantes de bonne nature. Il est *souterrain* ou à *ciel ouvert*.

5. — Les *stimulants* activent la végétation des plantes. Le plus répandu est le *plâtre*, dont l'action se fait sentir surtout sur les légumineuses.

Exercices et questions d'intelligence. — Le sol de votre commune a-t-il besoin de chaux ? pourquoi ? Dans quel cas peut-on dire que « le chaulage enrichit le père et ruine le fils » ? Expliquez ce dicton : « Qui chaule sans fumer, se ruine sans y penser ». Comment se fait l'irrigation et le drainage dans la région ? Quels sont les inconvénients de l'excès de sécheresse ou de l'excès d'humidité pour la vie des plantes ? En quoi consiste le *colmatage* ? Quels inconvénients présente le drainage à ciel ouvert ? Quelle influence hygiénique exerce le drainage ? Qui a préconisé l'emploi du plâtre comme stimulant ?

77. — Façons du Sol
(Labours)

Matériel. — Bêche, houe à main, charrue, ou gravures en tenant lieu.

Faits d'observation. — Montrer une bêche, une houe à main et en expliquer le fonctionnement.
Examiner une charrue et se rendre compte du rôle du soc, du coutre, du versoir, du régulateur.
Examiner la forme des labours pratiqués dans la région et en donner la raison.

PLAN

1. — Ameublissement du sol.
2. — But des labours.
3. — Instruments de labour.
4. — Charrue: parties, sortes.
5. — Labours: époque, profondeur, sortes.

RÉSUMÉ

1. — Les terres sont mises en état de culture par le *défrichement*, l'*écobuage*, le *défoncement* et l'*épierrement*. On entretient leur ameublissement par les *labours*.

2. — Les *labours* ont pour but de retourner et parfois d'approfondir la couche arable, d'aérer le sol, de détruire les mauvaises herbes, d'enfouir les semences et les engrais.

3. — Ils s'effectuent avec des instruments à bras (*bêche, fourche, houe*), ou avec des instruments mus par des animaux ou par des moteurs (*charrue, scarificateur*).

4. — Les parties principales d'une charrue sont : le *soc*, le *coutre*, le *versoir*, le *régulateur* et l'*âge*. On distingue les charrues *avec avant-train* ou *sans avant-train* (*araires*), les charrues à deux versoirs (*buttoirs*) et les charrues à plusieurs socs (*bisocs, polysocs*).

5. — L'*époque* des labours varie avec l'état physique du sol et les espèces de plantes. Il peuvent être *superficiels*, *ordinaires* ou *profonds* ; quant à la forme, ils sont dits en *billons*, en *planches* ou à *plat*.

Exercices et questions d'intelligence. — Pourquoi le travail de la bêche est-il le plus parfait ? Pourquoi ne faut-il pas labourer les sols argileux quand ils sont humides? On dit que les labours profonds préviennent les inconvénients de la sécheresse, favorisent le développement des plantes, assainissent le sol: montrez-le. Comment appelle-t-on le labour que l'on fait aussitôt la moisson enlevée ? Quelle en est l'utilité ? Quelles charrues utilise-t-on dans les très grandes exploitations agricoles ?

78. — Façons du Sol

(Hersage, roulage, binage, buttage, sarclage)

Matériel. — Gravures représentant des herses, des rouleaux, des houes, des charrues buttoirs, des sarcloirs; — soucoupe, vin, morceau de sucre, sucre en poudre.

Faits d'observation. — Remarquer que les dents des herses sont disposées de manière que chaque raie soit tracée par une seule dent.

Dans une soucoupe contenant un peu de vin, placer un gros morceau de sucre recouvert de sucre pilé : le vin monte par capillarité jusqu'au sucre en poudre qui l'arrête.

PLAN

1. — Hersage : but, sortes de herses.
2. — Roulage : but, sortes de rouleaux.
3. — Binage : but, binettes et houes.
4. — Buttage : but, houes et buttoirs.
5. — Sarclage : but, binettes, houes, sarcloirs.

RÉSUMÉ

1. — La *herse* ameublit la surface du sol, enfouit les graines et les engrais pulvérulents, enlève les mauvaises herbes et les mousses. Elle est *rigide* ou *articulée*. On la remplace parfois par *l'extirpateur*.

2. — Le *rouleau* comprime et nivelle le sol, rechausse les prairies naturelles et les céréales dont il favorise le tallage. Il est *en bois* ou *en fonte*, *simple* ou *segmenté*, *uni* ou *armé* de *dents*.

3. — Le *binage* aère le sol et en prévient le dessèchement. On l'exécute au moyen de *binettes* et de *houes* à main ou à cheval.

4. — Le *buttage* assainit le sol et favorise la production de racines adventives. On butte à l'aide de *houes* à main ou à cheval et de *buttoirs mécaniques*

5. — Le *sarclage* a pour but d'enlever les mauvaises herbes; le plus souvent il s'exécute en même temps que le binage. On sarcle les céréales avec un *sarcloir*.

Exercices et questions d'intelligence. — Quel est le mode de semis qui favorise le binage ? Pourquoi la trace des pas de chevaux dans les terres nouvellement labourées est-elle plus fraîche que le reste du champ ? Expliquer ce dicton : Deux binages valent un arrosage. Pourquoi les récoltes infestées par les mauvaises herbes sont-elles compromises ? Comment détruit-on les mauvaises herbes qui se multiplient par leurs racines *adventives* (chiendent) ? par leurs graines (chardons) ? Qu'est-ce qu'une plante *adventice* ? Qu'appelle-t-on plantes nettoyantes ? Quelles plantes nuisibles enlève-t-on dans les champs ? dans les prés ? dans les jardins ? Quelles plantes butte-t-on et pourquoi ?

79. — Eléments des Plantes

Matériel. — Allumettes; — tube à essais, feuilles sèches, lampe à alcool; — terre renfermant des cendres, eau; — acide; — suie, chaux, tournesol, papier.

Faits d'observation et expériences. — Eteindre une allumette à moitié consumée: constater la présence de la fumée, du charbon, des cendres.

Chauffer des feuilles sèches dans un tube à essais, il se dégage de la vapeur d'eau qui ternit la lame d'un couteau.

L'eau versée sur des cendres devient douce au toucher: présence de la potasse que l'on peut retirer par évaporation.

Verser un acide sur des cendres: effervescence due à la présece de la chaux.

Chauffer un mélange de suie et de chaux dans un tube à essais: dégagement d'ammoniaque que l'on reconnait par son odeur suffocante ou son action sur le papier trempé dans du tournesol rougi par un acide.

PLAN

1. — Combustion d'un végétal: vapeur d'eau, charbon, cendres, suie.
2. — Présence de la potasse et de la chaux dans les cendres.
3. — Présence de l'azote dans la suie.
4. — Autres éléments: phosphore, soufre, silice, chlore, soude, fer, manganèse, magnésium.
5. — Origine des éléments des plantes: air, sol.

RÉSUMÉ

1. — La combustion des plantes ou des produits qui en proviennent donne de la fumée, du *charbon*, des cendres et de la suie. La fumée refroidie fait constater la présence de l'eau (*oxygène* et *hydrogène*).
2. — Lavées, les cendres donnent une lessive contenant de la *potasse*; traitées par un acide, il se produit une effervescence qui décèle la présence de la *chaux*.
3. — Sous l'action de la chaleur, la suie mélangée avec de la chaux dégage des vapeurs ammoniacales qui sont composées d'*azote*.
4. — L'analyse chimique d'une plante permet d'y trouver en outre du *phosphore*, du *soufre*, de la *silice*, du *chlore*, de la *soude*, du *fer*, du *manganèse*, du *magnésium*.
5. — Les plantes se composent donc de 14 éléments dont trois, le charbon, l'oxygène et l'hydrogène, sont fournis par l'atmosphère, tandis que les autres proviennent du sol.

Exercices et questions d'intelligence. — Sous quelle forme les plantes absorbent-elles les divers éléments dont elles sont formées: oxygène, hydrogène, charbon, potasse, chaux, azote, etc.? Que prouve la bûche quand elle pleure? Comment les légumineuses absorbent-elles l'azote?

80. — Engrais

Matériel. — 3 pots renfermant soit de la terre épuisée, soit du verre pilé, orge, nitrate, superphosphate, sulfate ou chlorure de potassium.

Faits d'observation. — Semer de l'orge dans les 3 pots ci-dessus et les numéroter : n° 1, sans engrais (témoin) ; n° 2, engrais complet ; n° 3, engrais complet moins l'azote (absence d'un élément) ; — arroser le témoin avec de l'eau, le n° 2 avec une solution renfermant du nitrate, du superphosphate et du chlorure de potassium, le n° 3 avec la même solution que le 2e moins le nitrate (absence d'un élément) ; constater ce qui arrivera.

(Avec la terre épuisée, on peut donner les engrais en une seule fois en les mélangeant intimement à la terre avant le remplissage).

PLAN

1. — Les 4 substances fertilisantes : azote, potasse, chaux, phosphore.
2. — Nécessité des engrais *(principe de restitution)*.
3. — Valeur et emploi des engrais.
4. — Solidarité entre les éléments fertilisants *(principe du minimum)*.
5. — Classification des engrais.

RÉSUMÉ

1. — Parmi les éléments que la terre fournit aux plantes, *l'azote*, la *potasse*, la *chaux* et *l'acide phosphorique*, qui ont une importance capitale, ne s'y trouvent pas en quantité inépuisable.

2. — Pour conserver au sol sa fertilité, il est indispensable de lui rendre ce que les récoltes lui ont enlevé de ces quatre éléments. Cette restitution s'opère au moyen des *engrais*.

3. — La valeur d'un engrais dépend de *sa richesse* en azote, en potasse, en acide phosphorique et de sa facilité à devenir *assimilable*. Dans l'emploi des engrais, il faut tenir compte de leur *valeur*, de la *fertilité naturelle* du sol et des *exigences des plantes*.

4. — Les plantes utilisent les éléments des engrais dans des *proportions déterminées*. Si un élément est en trop petite quantité, une partie des autres reste inutile ; s'il est en excès, son action peut devenir nuisible.

5. — On divise les engrais en quatre catégories : *engrais mixtes*, *engrais végétaux*, *engrais humains et animaux*, *engrais chimiques* ou *complémentaires*.

Exercices et questions d'intelligence. — Quelle différence y a-t-il entre un engrais et un amendement ? Pourquoi les Romains finirent-ils par stériliser l'Algérie, qui était regardée comme le grenier de Rome ? Pourquoi l'action des os employés comme engrais sans aucune préparation est-elle insignifiante ?

81. — Le Fumier

Matériel. — 3 pots remplis de terre végétale, orge, purin, litre rempli de fumier et de purin frais, tube coudé.

Faits d'observation et expériences. — Semer un nombre égal de grains d'orge dans les 3 pots ci-dessus; arroser le 1er avec de l'eau, le 2e avec du purin; amener dans le 3e le dégagement des gaz du fumier contenus dans le litre préparé: constater les résultats obtenus.

Remarquer combien l'habitude de laisser perdre le purin est funeste à l'intérêt des cultivateurs et à la santé publique (estimation de la perte annuelle en France: 1/2 milliard de fr.)

Sentir l'odeur piquante du fumier qui reste trop longtemps sous les animaux.

Production annuelle du fumier par tête de bétail : 25 fois le poids de l'animal.

PLAN

1. — Importance et valeur du fumier.
2. — Le fumier à l'étable, dans la cour, dans les champs.
3. — Le purin : importance, soins, emploi.
4. — Sortes de fumier et leur emploi.
5. — Nitrification
   - objet : transformation de l'azote ammoniacal en nitrate.
   - états successifs de l'azote
     - azote organique (matières organiques).
     - azote ammoniacal (carbonate d'ammoniaque)
     - azote nitrique (nitrates de chaux, soude, potasse)
   - conditions
     - ammoniaque ou sels ammoniacaux, base, oxygène
     - humidité, chaleur, ferment nitrique (microbes).

RÉSUMÉ

1. — Le *fumier*, le plus important des engrais, est composé de *litières* et de *déjections* solides et liquides. Sa valeur dépend des *animaux* qui le produisent et des *soins* dont il est l'objet.

2. — On le *dépose* journellement sur une plate-forme inclinée et imperméable, on *l'arrose* de purin, on le *saupoudre* de plâtre ou de phosphates fossiles, on le *protège* contre l'ardeur du soleil, on le *conduit* dans les champs et on l'*enfouit* le plus vite possible.

3. — Le *purin* est la partie la plus riche du fumier. On le recueille dans une fosse étanche, et on l'emploie *pur* sur une terre nue et *étendu d'eau* sur une terre en culture.

4. — Le fumier est *pailleux* ou *décomposé*. On l'emploie par *enfouissement* ou en *couverture*.

5. — Toute *matière organique azotée* et sans vie subit une *fermentation putride* qui produit de l'*ammoniaque*. En présence du *calcaire* et sous l'influence de l'*oxygène*, de l'*humidité*, de la *chaleur* et du *ferment nitrique*, l'ammoniaque brûle et forme de l'*acide azotique* qui, avec la chaux, donne du *nitrate de chaux*.

Faits d'observation et expériences. — Pourquoi le fumier est-il un engrais complet? Quelles litières utilise-t-on dans la région? Quelle est la valeur du fumier moisi ? Comment construit-on économiquement une fosse à purin? Comment transporte-t-on le purin dans les champs ? Un fumier renferme en poids 5 p. 1000 d'azote, 3 p. 1000 d'acide phosphorique, 5 p. 1000 de potasse; l'azote valant 1 fr. 75 le kg., l'acide phosphorique et la potasse chacun 0 fr. 40, trouver la valeur d'un mètre cube de ce fumier dont la densité est 0. 50.

82. — Engrais végétaux et animaux

Matériel. — Racines de légumineuses garnies de nodosités, petite fiole; — tourteaux, varechs, poudrette, cornes torréfiées, sang desséché, noir animal.

Faits d'observation. — Enfermer des nodosités de légumineuses dans une petite fiole et constater au bout de quelques jours une odeur de fromage avancé due à la matière azotée qui a fermenté.

Examiner les échantillons d'engrais végétaux et animaux que l'on pourra se procurer.

PLAN

1. — Principaux engrais végétaux { engrais vert (trèfle, sarrasin, colza, vesces, minette). débris de plantes (algues, varechs, balles, siliques, cendres, suie, tannée). résidus d'industries (marcs, tourteaux, drèches de brasserie, pulpes de distillerie.
2. — Engrais verts; plantes enfouies, époque, rôle.
3. — Engrais humain: engrais flamand, poudrette.
4. — Engrais animaux { excréments d'oiseaux (guano, colombine). débris d'animaux (sang, corne, laine, cuir, os calcinés, noir animal, etc).
5. — Compost (balayures, suie, cendres, feuilles mortes, boues de route, déchets de ménage, débris de paille, etc.).

RÉSUMÉ

1. — Les principaux *engrais végétaux* sont les *engrais verts*, les *débris de plantes* (algues, varechs, balles, siliques) et les *résidus d'industries* (marcs, tourteaux, drèches de brasserie, pulpes de distillerie).
2. — Les plantes qu'on emploie comme *engrais verts* sont enfouies au moment de la floraison; les unes enrichissent le sol de *l'azote* qu'elles prennent à l'air, les autres ralentissent son appauvrissement en fixant *l'azote nitrique* que les eaux pourraient entraîner.
3. — Les *déjections humaines* sont employées comme engrais à l'état liquide (*engrais flamand*) ou à l'état pulvérulent (*poudrette*) principalement sur les céréales, sur les plantes potagères ou industrielles.
4. — Les excréments d'oiseaux (*guano*, *colombine*) et les débris d'animaux (*sang desséché*, *déchets de laine*, *de cornes*, *de cuir*) sont des matières fertilisantes de grande valeur.
5. — On nomme *compost* un engrais formé de toutes sortes de matières, animales et végétales, soumises à la fermentation.

Exercices et questions d'intelligence. — Pourquoi les légumineuses sont-elles désignées sous le nom de *plantes améliorantes*? Pourquoi la distillation des marcs de raisin ne les appauvrit-elle pas comme engrais? Pourquoi le noir animal a-t-il plus de valeur comme engrais quand il a été utilisé dans les raffineries? En quoi consiste le *parcage* des moutons? Pourquoi ajoute-t-on de la chaux au compost et l'arrose-t-on fréquemment?

83. — Engrais complémentaires

Matériel. — Nitrate, sulfate d'ammoniaque; phosphates naturels, superphosphates, scories de déphosphoration; chlorure de potassium, sulfate de potasse.

Faits d'observation. — Constater que le nitrate est très soluble dans l'eau. Remarquer qu'un nitrate fuse quand on le projette sur des charbons ardents tandis qu'un sel ammoniacal ne fuse pas.

Quand on mélange les engrais, il faut tenir compte de l'action que les composants exercent l'un sur l'autre.

PLAN

1. — Nécessité des engrais complémentaires.
2. — Engrais azotés.
3. — Engrais phosphatés.
4. — Engrais potassiques.
5. — Mode d'emploi.

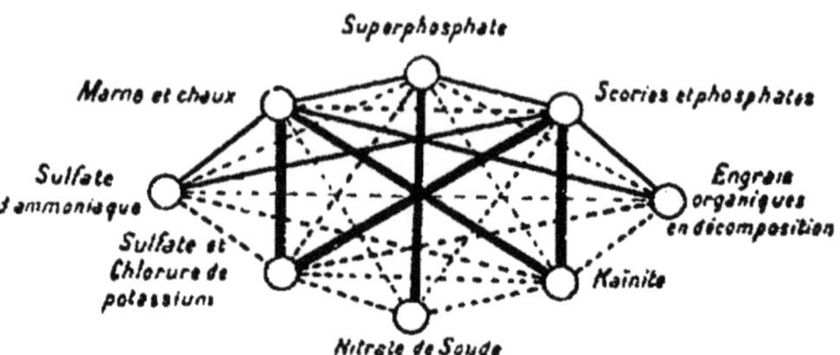

Octogone de P. Larue

1° ...... mélanges d'engrais qui ne présentent aucun inconvénient; 2° —— ceux qui provoqueraient des pertes; 3° ━━ ceux qui doivent être répandus aussitôt faits.

RÉSUMÉ

1. — Le fumier ayant les mêmes défauts que le sol d'où il provient, et ne restituant qu'une partie des éléments enlevés par les récoltes, il est indispensable de corriger l'insuffisance de sa composition et de le compléter par des *engrais chimiques*.
2. — Les *engrais azotés* donnent de la vigueur aux plantes. Le *nitrate* s'emploie au printemps généralement en couverture; le *sulfate d'ammoniaque*, avant ou après l'hiver.
3. — Les *phosphates* (*phosphates naturels, superphosphates, scories de déphosphoration* donnent de la qualité aux plantes. On les emploie par enfouissage finement pulvérisés.
4. — Les engrais potassiques, *le chlorure de potassium*, *le sulfate de potasse*, *les cendres*, s'emploient par enfouissage et conviennent surtout aux légumineuses, aux plantes sarclées et à la vigne.
5. — Avant d'utiliser un engrais, il faut le faire analyser et s'assurer par des essais préliminaires qu'il convient au sol et à la plante, sinon la dépense peut être inutile et même nuisible.

Exercices et questions d'intelligence. — Pourquoi peut-on dire que le fumier est l'image du sol ? Quels sont les produits provenant du sol qui ne lui sont pas rendus par le fumier ? Qu'appelle-t-on dosage, titre ou teneur d'un engrais ? Où peut-on en faire contrôler la richesse ? Faut-il répandre un engrais chimique soluble au moment des semailles ? Comment reconnaît-on qu'un terrain est trop riche en azote ? Est-il vrai que les engrais chimiques épuisent le sol ? Pourrait-on les employer seuls? Faut-il acheter un engrais minéral complet ?

84. — Assolement

Matériel. — Racine de blé, de luzerne.

Faits d'observation. — De la luzerne semée sur un terrain qui vient déjà d'en porter pousse difficilement et disparait peu à peu.

Si on cultive toujours des pommes de terre sur le même terrain, les récoltes vont sans cesse en diminuant.

Constater la différence de longueur entre des racines de blé et de luzerne.

Etudier l'assolement suivi dans la localité; le justifier ou signaler les critiques qu'il suscite.

PLAN

1. — L'assolement; sole, rotation.

2. — Nécessité.

3. — Sortes d'assolements { biennal (céréale, jachère ou céréale, plante industrielle). triennal (blé, avoine, plante sarclée ou fourragère). quadriennal (blé, plante sarclée, avoine, fourrages annuels).

4. — Choix d'un assolement.

5. — Jachère; culture dérobée (navet, vesce, moutarde, sarrasin).

RÉSUMÉ

1. — L'*assolement* est la division des terres en un certain nombre de parties appelées *soles*. La *rotation* est l'ordre de succession des récoltes sur une même sole.

2. — L'assolement permet de maintenir un *bon équilibre* entre tous les éléments fertilisants, de détruire les *mauvaises herbes*, de lutter contre les *maladies* des plantes et les *animaux* qui leur sont nuisibles

3. — On distingue l'assolement *biennal*, l'assolement *triennal*, l'assolement *quadriennal*. Les plantes des divers assolements sont généralement les *céréales*, les *plantes sarclées* ou *industrielles*, les *plantes fourragères*.

4. — Le *choix* d'un bon assolement dépend du *climat*, des *qualités* du sol, des *exigences* des plantes et des *débouchés* commerciaux. Le meilleur est celui qui donne le *maximum* de produits avec le *minimum* de dépenses.

5. — Une terre est dite en *jachère* lorsqu'on la laisse en repos pendant un an. Une *culture dérobée* est une seconde récolte faite sur un terrain qui vient déjà d'en produire une la même année.

Exercices et questions d'intelligence. — Qu'appelle-t-on plantes *épuisantes*? plantes *améliorantes*? plantes *salissantes*? plantes *nettoyantes*? Dans quel ordre doivent-elles se succéder autant que possible? Que faut-il mettre à la suite d'une plante à racines superficielles comme le blé? La terre a-t-elle besoin de repos? Utilise-t-on la jachère dans les jardins? Pourquoi?

85. — Reproduction des végétaux

(Les Semis)

Matériel. — Graines diverses de la région, flacon assez grand; — Cuvette, eau; — soucoupe ou assiette ; — sulfate de cuivre.

Faits d'observation et expériences. — La graine respire : mettre des graines dans les 2/3 d'un flacon bien fermé ; au bout d'un certain temps constater la présence de l'acide carbonique au moyen d'une bougie allumée.

Jeter des graines dans l'eau pour séparer la mauvaise semence.

Déterminer la faculté germinative d'un certain nombre de graines.

Observer ce que deviennent plusieurs graines semées à différentes profondeurs.

Remarquer que les plantes se reproduisent encore par plantation de tubercules (pommes de terre), de bulbes (oignons), d'éclats de pieds (oseille), d œilletons (artichauts), de griffes (asperges), de coulants (fraisiers), de rejets ou drageons (framboisiers, rosiers, pruniers).

PLAN

1. — Modes de reproduction : semis, bouturage, marcottage, greffage.
2. — Qualités de la bonne semence : âge, maturité, poids, sélection, conservation.
3. — Préparation ; détermination du pouvoir germinatif.
4. — Semailles..
   - terrain : bien préparé.
   - époque : variable.
   - profondeur : cinq fois environ le diamètre moyen.
   - modes : à la volée, en poquets, en lignes.
   - Avantages du semoir mécanique
     - égale répartition de la graine.
     - profondeur uniforme de la graine.
     - levée régulière.
     - économie du 1/3 de la semence.
     - facilité des binages, sarclages.
5. — Transplantation (choux, salades, colza, rutabaga, tabac).

RÉSUMÉ

1. — Le *semis* est le mode le plus généralement employé pour reproduire les végétaux. On utilise aussi dans le même but le *bouturage*, le *marcottage*, le *greffage*.

2. — Une bonne semence doit être *mûre, jeune, lourde* et de *provenance choisie*. C'est un *être vivant* qu'il faut conserver dans un endroit sain et bien aéré.

3. — On la prépare par le *triage*, le *lavage*, le *chaulage* ou le *sulfatage*, le *pralinage*, le *décuscutage*. On s'assure ensuite de sa *faculté germinative*.

4. — Les semis se font à la *volée*, en *poquets* ou en *lignes* dans une terre bien préparée et à une époque convenable. L'emploi du *semoir mécanique* est très avantageux.

5. — On élève certaines plantes en *pépinière*, sur couches ou sur ados, pour être ensuite transplantées après avoir subi l'opération de *l'habillage*.

Exercices et questions d'intelligence. — Comment fait-on les semis dans la région ? Comment se fait la *sélection* du blé ? Est-il prudent de jeter sur le fumier les résidus du trieur ? Quels inconvénients y a-t-il à semer ou trop tôt ou trop tard ? Qu'appelle-t-on culture *forcée ? intensive ?*

86. — Reproduction des Arbres

Matériel. — Bouture de saule, de peuplier, de groseillier ou de vigne; — rameau de laurier-rose ou de saule, flacon plein d'eau avec un peu de charbon de bois.

Faits d'observation. — Faire une bouture au jardin ou dans un pot à fleurs (géranium, œillet).

Mettre un rameau de laurier-rose ou de saule dans un flacon contenant de l'eau et constater l'apparition des racines.

Remarquer que les coulants de fraisiers sont des sortes de marcottes naturelles.

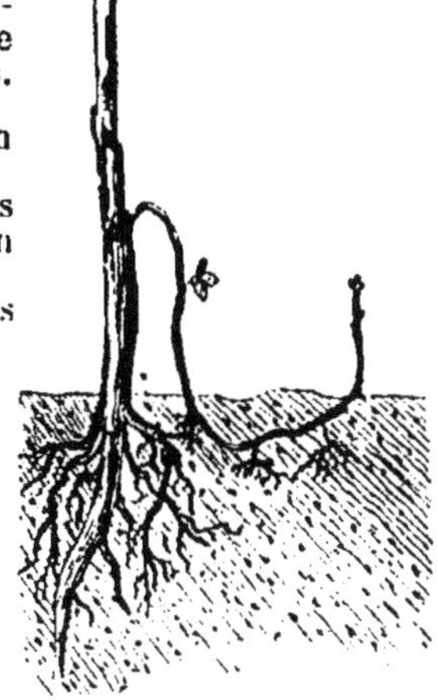

Marcotte.

PLAN

1. — Bouture; sortes; essences.
2. — Marcottes; sortes.
3. — Pépinière.
4. — Transplantation.
5. — Soins aux arbres.

RÉSUMÉ

1. — La *bouture* est un rameau garni de bourgeons que l'on met en terre pour lui faire prendre racine; elle est *simple* ou à *crossette*. On bouture la vigne, le groseillier, le peuplier, le saule.
2. — Le *marcottage* consiste à courber un rameau en terre et à ne le détacher du pied-mère que lorsqu'il est pourvu de racines. On peut marcotter en l'air au moyen d'un pot à fleurs.
3. — Les *pépins* et *noyaux*, après *stratification*, sont placés dans la *pépinière* et les plants obtenus sont *mis en place* avant ou après *greffage* en bonnes variétés.
4. — La *transplantation* d'un arbre comprend : le *creusage* du trou, la *déplantation* du sujet, l'*habillage* et la *mise en place* La réussite dépend de l'époque de la plantation, du choix de l'arbre, du volume du trou, de la nature du sous-sol et de la terre rapportée.
5. — Il faut *écheniller* les arbres chaque année, les *chauler*, les *arroser* et leur donner des *engrais* à décomposition lente.

Exercices et questions d'intelligence. — Quand faut-il faire une bouture ? Comment appelle-t-on les racines qui se développent sur la tige d'une bouture ou d'une marcotte ? Comment provoque-t-on le développement des rejets ou drageons ? Qu'obtient-on le plus souvent quand on reproduit les arbres fruitiers par semis ? Comment le semis permet-il de créer de nouvelles variétés ? Pourquoi la greffe d'un arbre que l'on transplante doit-elle être au-dessus du sol ? Comment conserve-t-on les arbres arrachés qu'on ne peut replanter immédiatement ? Qu'appelle-t-on plantation à *demeure* ? Faut-il mettre du fumier en contact avec les racines de l'arbre transplanté ? Pourquoi est-il bon de donner un tuteur à l'arbre qu'on transplante.

87. — Le Greffage

Matériel. — Sarments de vigne ou branches d'arbrisseau pour faire des greffes.

Faits d'observation. — Exécuter en classe les principales greffes.

PLAN

1. — Le greffage; son but.
2. — Conditions de réussite.
3. — Greffe par approche.
4. — Greffe en fente; greffe anglaise.
5. — Greffe en écusson.

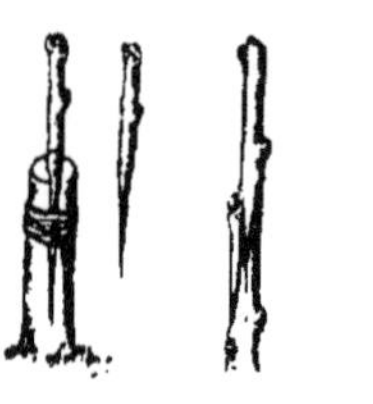

Greffe en fente — Greffe anglaise — Greffe en écusson

RÉSUMÉ

1. — Le *greffage* consiste à transporter sur un végétal vigoureux (*sujet*) un fragment de rameau (*greffon*) ou simplement un bourgeon (*écusson*). Son but principal est de *conserver* et de *multiplier* les bonnes variétés de fruits.

2. — Pour réussir, il faut : 1° que l'opération se fasse quand la sève commence à circuler; 2° que le sujet et le greffon soient de même espèce ou d'espèces très voisines; 3° que les écorces du sujet et du greffon coïncident ; 4° que les plaies soient recouvertes d'engluement.

3. — La *greffe par approche* a pour but de souder deux branches non séparées de leur tronc. Elle permet de modifier la disposition des branches d'un arbre ou d'unir deux arbres entre eux.

4. — Dans la *greffe en fente*, le greffon taillé en biseau est introduit dans une fente faite sur une coupe transversale du sujet. Une de ses variétés, la *greffe anglaise*, se pratique quand le sujet et le greffon ont le même diamètre.

5. — La *greffe en écusson* consiste à introduire une plaque d'écorce portant un bourgeon dans une incision faite sur le sujet. Elle se fait à *œil poussant* et à *œil dormant*.

Exercices et questions d'intelligence. — Qu'est-ce que greffer sur franc ? Que greffe-t-on sur doucin, sur paradis, sur cognassier, sur l'églantier ? Quels rameaux choisit-on comme greffons ? Où les place-t-on quand on les détache quelque temps avant le greffage ? Pourquoi recouvre-t-on parfois la greffe d'un cornet de papier ou d'un petit arc en bois ? Quelles plantes greffe-t-on principalement en fente, en écusson ? Sur lesquelles pratique-t-on surtout la greffe anglaise ? Quelle particularité présente le greffage de la vigne ?

88. — La Taille des Arbres fruitiers

Matériel. — Serpette, sécateur, scie à main; osier, raphia, jonc; diverses productions fruitières ou gravures les représentant.

Faits d'observation. — Montrer les outils utilisés pour la taille des arbres. Faire reconnaître sur un arbre la tige principale, les branches charpentières, les gourmands, les coursons.

Distinguer les diverses productions fruitières: bouton à fleur, lambourde, bourse, dard, brindille.

Remarquer que le bourgeon à bois est dur, pointu, luisant, tandis que le bourgeon à fruit est court, renflé, arrondi.

Comparer un arbre taillé à un qui ne l'est pas; expliquer les différences.

PLAN

1. — Taille { But. / Formes données aux arbres.
2. — Principes de la taille.
3. — Pratique de la taille.
4. — Taille d'hiver.
5. — Taille d'été.

Lambourde. Bourse. Dards. Courson.

RÉSUMÉ

1. — La *taille* a pour but de donner une forme régulière aux arbres et d'augmenter la grosseur et la qualité des fruits. Les principales formes sont le *cordon* et la *palmette* pour les arbres en *espalier*, la *pyramide*, le *fuseau* et le *vase* pour les arbres en *plein vent.*

2. — La *sève* tend à se porter dans les parties les plus élevées, les plus vigoureuses, les plus éclairées, dans les branches verticales plutôt que dans les branches horizontales. Plus la végétation est active, plus les bourgeons se mettent à bois.

3. — Il faut enlever le bois mort et les rameaux inutiles, rabattre la tige principale, raccourcir les branches charpentières et celles qui ont porté des fruits, couper court les rameaux trop vigoureux, relever ceux dont on veut activer la végétation, incliner ou tordre ceux qui ne se mettent pas à fruits.

4. — La *taille d'hiver* se fait pendant le repos de la végétation. Elle comprend : le *rabattement*, le *rapprochement*, la *coupe du rameau*, la *courbure*, l'*entaille*, le *palissage*.

5. — La *taille d'été* s'exécute en cours de végétation. Elle comprend : l'*ébourgeonnement*, le *pincement*, le *cassement*, la *coupe en vert*, la *torsion*, l'*éclaircie des fruits*, l'*effeuillement*.

Exercices et questions d'intelligence. — Qu'appelle-t-on arbres à *haute tige*? à *basse tige*? Quand pratique-t-on le *recepage*? Pourquoi la *taille courte* convient-elle aux arbres chétifs et la *taille longue* aux arbres vigoureux? Pourquoi est-il préférable de se servir de la serpette au lieu du sécateur? Pourquoi faut-il tailler en biseau près d'un œil et dans le sens opposé à ce dernier? Où pratique-t-on le cran suivant que l'on veut activer ou ralentir le développement d'un bourgeon ou d'une branche? Pourquoi faut-il ébourgeonner les pousses tournées vers le mur? Que fait-on à un arbre trop vigoureux qui ne se met pas à fruits?

89. — Le Jardin

Matériel. — Outils de jardinage, légumes divers ou gravures les représentant.

Faits d'observation. — Constater avec un thermomètre la chaleur développée dans une couche.
Remarquer l'étiolement des feuilles dans un chou, dans un pied de salade lié.

PLAN

1. — Le jardin : produits et importance.
2. — Création : situation, exposition, sol, forme, clôture, distribution, eau.
3. — Semis : à la volée, en lignes, en poquets.
4. — Soins d'entretien : bêchage, binage, sarclages, éclaircissages, buttages, arrosages.
5. — Légumes cultivés pour leurs
   - racines, tubercules, bulbes : carottes, betteraves, navets, radis, salsifis, panais, pommes de terre, aulx, oignons, échalotes, poireaux.
   - tiges, feuilles, fleurs : asperges, choux, salades, épinards, oseille, céleri, cerfeuil, persil, artichauts.
   - fruits, graines : fraisiers, melons, tomates, concombres, haricots, pois.

RÉSUMÉ

1. — Le *jardin* est le terrain réservé à la culture des *légumes*, des *fruits*, des *fleurs*. Il est d'une grande importance par les produits utiles ou agréables qu'il procure.
2. — Il doit être bien exposé, à proximité de la maison, profondément défoncé et riche en humus.
3. — Les *semis* se font sur place ou en pépinière, à la *volée*, en *lignes* ou en *poquets*. On pratique la *culture naturelle* sur planches ou la *culture forcée* sur ados et sur couches.
4. — Il faut *fumer* copieusement le jardin avec des engrais qui agissent vite. Les *soins d'entretien* sont les binages, les sarclages, les éclaircissages, les buttages, les arrosages.
5. On cultive les *légumes* : 1° pour leurs racines, leurs tubercules ou leurs bulbes (*carottes, pommes de terre, oignons*) ; 2° pour leurs tiges, leurs feuilles, leurs fleurs (*asperges, choux, artichauts*) ; 3° pour leurs fruits ou leurs graines (*melons, pois*).

Exercices et questions d'intelligence. — Comment appelle-t-on la partie du jardin destinée aux légumes ? aux arbres fruitiers ? aux fleurs ? Pourquoi est-il avantageux d'avoir de l'eau à proximité du jardin ? Pourquoi recommande-t-on d'arroser avec de l'eau qui a été exposée au soleil ? Quand faut-il arroser au printemps ? en été ? Pourquoi *habille*-t-on les plantes avant de les repiquer ? Est-il indifférent de semer à la volée ou en lignes ? Faut-il ensemencer la couche aussitôt qu'elle est faite ? Quelle est l'utilité du *paillis* ? Pourquoi faut-couper les coulants des fraisiers pendant la fructification ? Est-il bon d'alterner les cultures dans le jardin ? De quoi fait-on usage dans la culture forcée pour préserver les plantes du froid ? Comment appelle-t-on les légumes et les fruits obtenus avant l'époque ordinaire de leur maturité ?

90. — La Germination

Matériel. — Marrons, haricots, pois; — orge, soucoupe, mousse, verres, eau, bouchon; — flacon.

Faits d'observation et expériences. — Montrer le germe d'un marron, d'un haricot, d'un pois.

Faire germer quelques haricots, quelques grains d'orge: 1° dans une soucoupe sur de la mousse humide; 2° dans un verre d'eau au moyen d'un flotteur troué.

Des haricots placés au fond d'un verre d'eau pourrissent au lieu de germer.

Montrer la force de la germination en remplissant un flacon de haricots trempés: le flacon se fendra.

Montrer la chaleur produite par la germination en plaçant un thermomètre dans un petit tas d'orge en train de germer.

PLAN

1. — Parties de la graine.
2. — Embryon { plantule (radicelle, tigelle, gemmule). cotylédons (un ou deux).
3. — Conditions de la germination { air: façons du sol, drainage. eau: arrosage, irrigation. chaleur: époque des semis.
4. — Phénomène de la germination { ramollissement des tissus. gonflement de la graine. rupture de l'enveloppe. apparition de la radicelle.
5. — Organes des plantes { nutrition. reproduction.

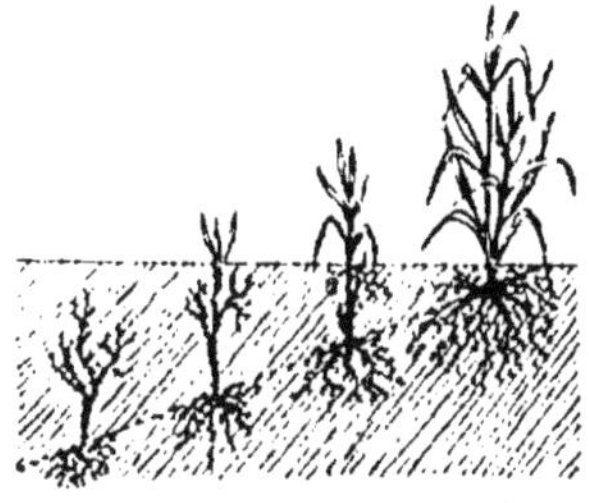

La profondeur du semis influe sur la germination.

RÉSUMÉ

1. — La *graine* est formée d'une enveloppe ou *tégument*, d'un germe ou *embryon* et d'une réserve de nourriture appelée *albumen*.
2. — Dans l'embryon, on distingue la *plantule* et un ou deux *cotylédons*. L'albumen se trouve tantôt dans les cotylédons (haricot), tantôt en dehors (blé).
3. — Pour qu'une graine germe, il lui faut de l'*air*, de la *chaleur* et de l'*humidité*.
4. — Sous l'action de ces agents, la graine se ramollit et gonfle, son enveloppe se brise, l'embryon se développe et donne naissance à un végétal.
5. — La racine, la tige, les feuilles sont les *organes de nutrition* de la plante; la fleur, le fruit, la graine sont ses *organes de reproduction*. Relativement à leur durée, les plantes peuvent être *annuelles*, *bisannuelles* ou *vivaces*.

Exercices et questions d'intelligence. — Pourquoi un semis en décembre ne réussit-il pas? Pourquoi des pois plantés à 15 centimètres de profondeur ou placés sur le sol ne germent-ils pas? La germination se fait-elle dans l'obscurité? Montrez que l'arrosage comme le drainage favorisent la germination. Pourquoi herse-t-on et roule-t-on certains semis? De quoi se nourrit la jeune plante pendant la première partie de son développement? De quoi vit-elle ensuite? Qu'arrive-t-il si elle se développe dans un lieu obscur?

91. — La Racine

Matériel. — Racines de diverses espèces ; — culture dans l'eau ; — peau de vessie ou membrane coquillière d'un œuf, verre de lampe, verre d'eau sucrée ; — morceau de marbre poli, haricot ; — racines de légumineuses.

Faits d'observation et expériences. — Observer des racines *pivotantes* (carotte), *fibreuses* (poireau), *aériennes* (lierre), *adventives* (fraisier).

Examiner les poils absorbants de grains germés dans l'eau.

Verser un peu d'eau dans un verre de lampe fermé à une extrémité par une peau de vessie toute fraîche, plonger le tout dans un verre d'eau sucrée : au bout de quelque temps, l'eau du verre de lampe sera sucrée.

Faire germer des haricots sur une plaque de marbre poli et remarquer après plusieurs jours les empreintes tracées par les racines.

Observer les nodosités des racines de légumineuses et en rappeler le rôle.

Racine pivotante

Racine fasciculée

PLAN

1. — La racine ; parties ; sortes.
2. — Fonctions { fixation. absorption. transport. réserve.
3. — Phénomène de l'osmose.
4. — Applications à l'agriculture.
5. — Utilisation { alimentation. médecine. industrie.

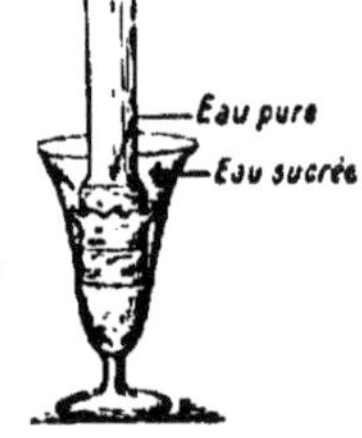

Phénomène de l'osmose

RÉSUMÉ

1. — La *racine* comprend le *corps de la racine* et les *radicelles* portant la *coiffe* et les *poils absorbants*. Elle est *pivotante* ou *fasciculée*, *souterraine* ou *aérienne*.
2. — La racine *soutient* la plante et parfois *fixe* un sol trop mouvant. Elle *respire* et *puise* dans la terre les sucs nourriciers qu'elle *emmagasine* quelquefois pour ses besoins futurs.
3. — Les *substances dissoutes* dans l'eau filtrent à travers les parois de la racine (*osmose*) et les *matières solides* sont rendues solubles par le suc acide des poils absorbants.
4. — Les fonctions de la racine sont favorisées par le *drainage*, l'*irrigation*, l'*ameublissement* du sol, l'*alternance* des cultures et la bonne répartition des engrais.
5. — Certaines racines sont utilisées dans l'alimentation de l'homme et des animaux (carotte, betterave), en médecine (chiendent, réglisse) et dans l'industrie (garance, betterave).

Exercices et questions d'intelligence. — Pourquoi est-il plus facile d'arracher un pied de blé qu'un pied de luzerne ? Pourquoi les plantes qui poussent dans les lieux stériles ont-elles beaucoup de radicelles ? Quelle est l'action du roulage, du buttage sur les racines ? Pourquoi certaines pierres des champs sont-elles trouées ? Citez des ennemis des racines ? Toutes les plantes ont-elles des racines ?

92. — La Tige

Matériel. — Rondelles de tronc d'arbre ; — branche de saule ; — bourgeons.

Faits d'observation. — Compter les couches concentriques d'une section faite dans le tronc d'un arbre pour en déterminer l'âge.

Couper une branche de saule en avril-mai et en enlever l'écorce.

Examiner un bourgeon : remarquer les écailles robustes qui le garantissent des insectes, le duvet soyeux qui le défend contre le froid, la matière résineuse qui le protège contre la pluie.

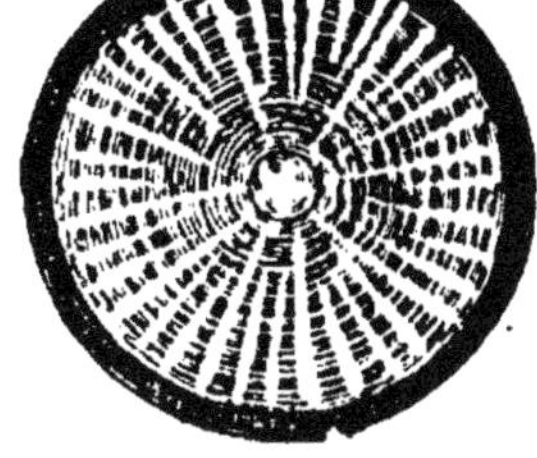

Coupe d'un chêne.

PLAN

1. — La tige : organe de soutien, de transport, de réserve (tubercules) ; sortes.
2. — Structure de la tige d'un arbre { écorce, cambium, bois, cœur.
3. — Accroissement de la tige d'un arbre.
4. — Bourgeons : ordinaires, floraux.
5. — Utilisation des tiges { Alimentation : fourrages. Médecine : réglisse, quinquina. Industrie : fibres, sucre, etc.

Coupe d'un sapin.

RÉSUMÉ

1. — La *tige* porte les bourgeons, les feuilles, les fleurs et les met en communication avec les racines. Elle est *herbacée* ou *ligneuse, simple* ou *ramifiée, annuelle* ou *vivace, aérienne* ou *souterraine.*

2. — Dans la tige d'un jeune arbre, on distingue *l'écorce*, le *bois* et la *moelle*. Entre l'écorce et le bois se trouve le *cambium* ou zone génératrice.

3 — Chaque année, l'arbre s'accroît en épaisseur. Le cambium forme une *couche de bois* vers l'intérieur et une *couche d'écorce* vers l'extérieur.

4. — On distingue les *bourgeons ordinaires* qui produisent soit l'allongement des tiges, soit de nouvelles branches et les *bourgeons floraux* qui donnent naissance aux fleurs.

5. — La tige est utilisée dans *l'alimentation* des hommes et des animaux, dans la *médecine*, dans *l'industrie*. Celle des arbres donne des produits très divers.

Exercices et questions d'intelligence. — Comment appelle-t-on la tige d'un arbre ? des céréales ? la tige souterraine de la pomme de terre ? Qu'est-ce qu'une tige grimpante ? rampante ? Pourquoi enlève-t-on la mousse et les lichens qui couvrent le tronc des arbres fruitiers ? Pourquoi écorce-t-on le chêne au printemps et non en hiver ? Que fait la vigne quand ses bourgeons ont été gelés ? Qu'est-ce que les yeux de la pomme de terre ? D'où proviennent les racines adventives dans le bouturage et le marcottage ?

93. — La Feuille

Matériel. — Feuilles diverses; feuilles mortes dont il ne reste plus que les nervures; — litre en verre, cuvette ou plat, rameau feuillu (aquatique de préférence); — pots de fleurs, balance; — bocal; — grains d'orge.

Faits d'observation et expériences. — Examiner la forme, la disposition sur la tige, la différence des deux faces de diverses feuilles

Recueillir l'oxygène dégagé par un rameau feuillu placé dans un litre en verre rempli d'eau, renfermant un peu d'acide carbonique et mis au soleil.

Peser un pot de fleurs deux jours de suite et constater la différence de poids. (Pour éviter les causes d'erreur, tarer par un autre pot rempli de terre ayant sensiblement le même degré d'humidité).

Recouvrir une plante en pot avec un bocal et constater la buée qui se dépose.

Observer des grains d'orge germés à la lumière et à l'obscurité.

PLAN

1. — La feuille; ses parties.
2. — Sortes: forme, durée, position.
3. — Fonctions { respiration: absorption d'oxygène, rejet d'acide carbonique. / transpiration: exhalaison de vapeur d'eau. / nutrition: fixation du carbone et dégagement d'oxygène.
4. — La sève: brute ou ascendante, élaborée ou descendante.
5. — Utilisation { alimentation: oseille, salades, choux, thé, fourrages, etc. / médecine: mélisse, menthe, noyer, digitale. / industrie: indigo, tabac, alfa, absinthe.

RÉSUMÉ

1. — La *feuille* se compose du *limbe* et du *pétiole*. Dans le limbe, on distingue les *nervures* et les *stomates*.
2. — Les feuilles sont *simples* ou *composées*, *caduques* ou *persistantes*, *ovales*, *lancéolées*, *entières*, *dentées*, etc. D'après leur position sur la tige, on les dit *opposées*, *verticillées*, *alternes*.
3. — Les feuilles *respirent*, *transpirent*, *nourrissent* le végétal. Par la fonction de nutrition, elles *décomposent* l'acide carbonique, *conservent* le carbone et *rejettent* l'oxygène.
4. — La *sève brute*, puisée dans le sol par les racines, passe par le bois pour gagner les feuilles où elle se transforme en *sève élaborée*. Elle descend ensuite entre l'écorce et l'aubier en formant une nouvelle couche de bois et d'écorce.
5. — On utilise les feuilles dans l'*alimentation* des hommes et des animaux, en *médecine* et dans l'*industrie*. Certaines sont vénéneuses comme celles de la ciguë.

Exercices et questions d'intelligence. — Quel est l'effet de l'effeuillage prématuré sur les betteraves ? Quels ravages produisent les chenilles, les hannetons, le mildiou ? Comment les feuilles purifient-elles l'atmosphère ? Pourquoi recommande-t-on de ne pas laisser des plantes la nuit dans les chambres à coucher ? Pourquoi l'intérieur des choux et des salades pommées est-il blanc ?

94. — La Fleur

Matériel. — Epines, vrilles, écailles, fleurs de la saison; — Gravures représentant des fleurs.

Faits d'observation. — Observer les diverses modifications des feuilles: épines, vrilles, écailles, fleurs.

Examiner les diverses parties d'une fleur en les détachant l'une après l'autre; les coller en ordre sur une feuille de papier; les dessiner ensuite.

Expliquer la différence entre une infusion (tilleul), une décoction (chiendent), une macération (chicorée).

PLAN

1. — Fleurs
   - parties: calice, corolle, étamines, pistil.
   - sortes
     - complètes (renoncule) ou incomplètes (noisetier).
     - régulières (fraisier) ou irrégulières (haricot).
     - isolées (coquelicot) ou groupées (marguerite, persil).
2. — Enveloppes protectrices: calice, corolle.
3. — Organes reproducteurs: étamines, pistil.
4. — Fécondation
   - rôle du pollen.
   - action du vent, des insectes, de la pluie, du froid (coulure).
   - application: création de nouvelles variétés.
5. — Utilisation
   - alimentation: chou-fleur, artichaut.
   - médecine: bourrache, camomille, tilleul, etc.
   - ornementation: pensée, dahlia, géranium, jacinthe, rosier, etc.
   - parfumerie: oranger, rose, réséda, etc.

RÉSUMÉ

1. — La *fleur,* organe reproducteur de la plante, comprend le *calice*, la *corolle*, les *étamines* et le *pistil*. Les fleurs peuvent être *complètes* ou *incomplètes*, *régulières* ou *irrégulières*, *isolées* ou *groupées*

2. — Le *calice*, généralement vert, se compose de *sépales*; la *corolle*, presque toujours colorée, est formée de *pétales*. Ces deux organes jouent simplement un *rôle protecteur*.

3. — Les *étamines* portent l'*anthère* qui renferme le *pollen*; le *pistil* est composé du *style*, du *stigmate* et de l'*ovaire* qui contient les *ovules*.

4 — Le pollen se *dépose* sur le stigmate du pistil, *germe*, *descend* dans l'ovaire et *féconde* les ovules qui deviendront des graines. Le vent et les insectes favorisent la fécondation; la pluie et le froid la contrarient.

5. — Les fleurs sont utilisées dans l'*alimentation*, la *médecine*, la *parfumerie* et la *décoration* des jardins et des appartements.

Exercices et questions d'intelligence. — Tous les végétaux ont-ils des fleurs? D'où vient la poussière jaune qui recouvre parfois le sol des sapinières? Par quels moyens peut-on favoriser la fécondation ? On transporte le pollen d'un volubilis rouge sur le stigmate d'un volubilis blanc: que va-t-il se produire? Quand dit-on que les fruits *coulent*?

95. — Le Fruit

Matériel. — Gousse de pois, silique de crucifère, capsule de pavot, gland, pomme de pin, poire, pomme, graines diverses ; — gravures représentant les échantillons qu'on ne peut montrer.

Faits d'observation. — Ouvrir une gousse de pois, une silique de crucifère, une capsule de pavot pour montrer le mode d'attache des graines.
Remarquer les procédés divers pour avancer la maturité des fruits : serres, vitraux, torsion, incision annulaire.
Se rendre compte que la fraise, la framboise, la mûre sont des fruits multiples.

PLAN

1. — Le fruit : origine, parties.
2. — Sortes de fruits : secs ou charnus, simples ou multiples.
3. — Fructification et maturation ; les primeurs.
4. — Récolte des fruits : époque, conservation.
5. — Utilisation
   - alimentation : céréales, légumineuses, arbres fruitiers.
   - boissons : raisin, pomme, orge, café.
   - industrie : distilleries, huileries, chocolateries, minoteries, brasseries, amidonneries, filatures de coton.
   - médecine : pavot, lin, moutarde, ricin.

RÉSUMÉ

1. — Le *fruit* provient du développement de l'ovaire. Il comprend le *péricarpe* et la *graine*.

2. — D'après la nature du péricarpe, on distingue les *fruits secs* et les fruits *charnus*. Les fruits renferment une ou plusieurs *graines* que la nature a soin de disséminer partout.

3. — Quand le fruit est formé, il se nourrit surtout aux dépens des feuilles (*résorption*) ; parfois on accélère sa maturité, parfois on le récolte avant qu'elle soit complète.

4. — On cueille les fruits du verger par un temps sec et on les place dans un local sain sur des tablettes recouvertes de paille. On les conserve aussi par la dessication et par la cuisson.

5. — Les fruits et les graines sont utilisés dans l'*alimentation* de l'homme et des animaux, dans l'*industrie* et la *médecine*.

Exercices et questions d'intelligence. — Citez des fruits secs, des fruits charnus. Quelle partie mange-t-on dans la cerise ? dans la noisette ? Où sont les graines de la fraise ? Comment sont disposées les graines des graminées ? les fruits de la vigne ? A quoi sert l'aigrette du pissenlit, du chardon ? Pourquoi ne faut-il pas donner d'engrais après la floraison ? Comment le mildiou et les chenilles peuvent-ils nuire à la maturation ? Pourquoi les feuilles jaunissent-elles dès que le fruit est formé ? Comment les céréales coupées avant leur maturité achèvent-elles de mûrir ? Pourquoi un fruit véreux mûrit-il plus vite qu'un autre ? Pourquoi ensache-t-on parfois les fruits pendant leur maturation ?

96. — Dicotylédones

Matériel. — Feuilles, fleurs, fruits, graines de dicotylédones ou gravures. Récolter, pour l'herbier, les plantes suivantes :

Légumineuses : pois, trèfle, cytise.
Rosacées : fraisier, ronce.
Crucifères : giroflée, colza.
Ombellifères : persil, carotte.
Renonculacées : bouton d'or.
Solanées : pomme de terre, douce amère.
Labiées : ortie blanche, sauge.
Composées : bleuet, marguerite.
Amentacées : noisetier, saule.
Conifères : pin (sans péricarpe).

PLAN

1. — Division du règne végétal.
2. — Caractères des dicotylédones.
3. — Principales familles.
4. — Caractères des légumineuses.
5. — Importance des légumineuses
   - nombre : 6500 espèces.
   - nature : herbes (pois), arbustes (cytise), arbres (acacia).
   - utilisation
     - potagères (haricots).
     - fourragères (trèfle).
     - industrielles (indigo).

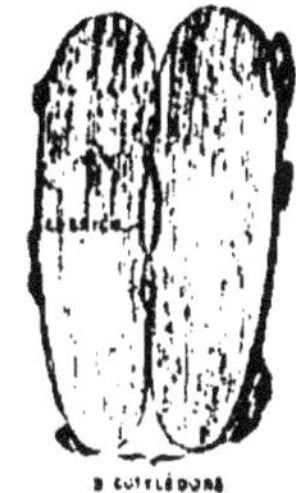

Haricot ouvert.

RÉSUMÉ

1. — Le règne végétal est partagé en 2 grands embranchements : les *plantes à fleurs* et les *plantes sans fleurs*. Les plantes à fleurs comprennent elles-mêmes les *dicotylédones* et les *monocotylédones*.
2. — Les *dicotylédones* ont les nervures des feuilles divergentes, leurs organes floraux sont par groupes de 4 ou de 5, ou de leurs multiples, et leurs graines renferment 2 cotylédons ; leur racine est le plus souvent pivotante.
3. — Les principales familles des dicotylédones sont : les *légumineuses*, les *rosacées*, les *crucifères*, les *renonculacées* à pétales libres ; les *solanées*, les *labiées*, les *composées* à pétales soudés ; les *amentacées*, les *conifères* sans pétales.
4. — Les *légumineuses* ont 5 pétales inégaux (*étendard*, *ailes*, *carène*), 10 étamines dont 9 soudées par leurs filets, une *gousse* pour fruit et des graines sans albumen.
5. — C'est une famille très importante qui renferme des herbes, des arbustes et des arbres. Elle fournit des graines alimentaires et des plantes fourragères ou industrielles.

Exercices et questions d'intelligence. — D'après quels caractères principaux a-t-on classé les plantes ? Pourquoi les légumineuses sont-elles encore appelées *papilionacées* ? Comment s'appelle le fruit des légumineuses ? des crucifères ? des conifères ? Une fleur de marguerite est-elle une seule fleur ? Mange-t-on la fleur ou le fruit de l'artichaut ? Comment appelle-t-on les fleurs mâles des amentacées ? les fleurs femelles des conifères ? Qu'est-ce que le *brou* de la noix ? la *cupule* du gland, de la noisette ?

97. — Monoootylédones

Matériel. — Echantillons des principales familles des monocotylédones (feuilles, fleurs, fruits, graines) ou gravures en tenant lieu.

Faits d'observation. — Récolter, pour l'herbier, les plantes caractéristiques des familles suivantes :

Graminées : blé, avoine, dactyle pelotonné.
Liliacées : lis, muguet, tulipe, jacinthe.
Iridiées : iris, glaïeul.
Orchidées : orchis.

PLAN

1. — Caractères des monocotylédones : racines, tige, feuilles, organes floraux, graines.
2. — Principales familles : graminées, liliacées, orchidées, palmier.
3. — Caractères des graminées
   - tige : chaume.
   - feuilles : engainantes, ligule.
   - fleurs : épi ou grappe ; 3 étamines, 1 ovaire, 2 stigmates plumeux.
4. — Importance des graminées : 3000 espèces; rôle de l'orge, du blé, du riz.
5. — Graminées fourragères et industrielles.

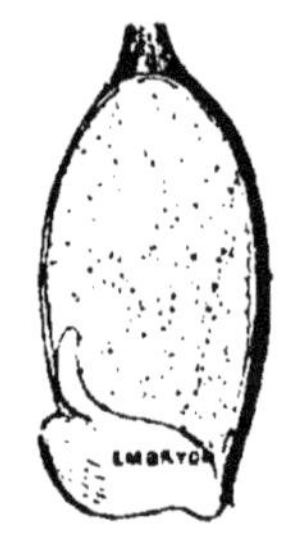

Coupe d'un grain de blé

RÉSUMÉ

1. — Les *monocotylédones* ont les racines fasciculées, la tige cylindrique, les nervures des feuilles parallèles, les organes floraux disposés par groupes de 3 ou de 6 et les graines à un seul cotylédon.

2. — Les principales familles sont les *graminées* ou plantes à grains, les *liliacées* ou *plantes à bulbes*, les *orchidées* à fleurs irrégulières, les *palmiers* des pays chauds.

3. — Les graminées ont une tige creuse et noueuse, des feuilles engainantes. Leurs fleurs, groupées en épillets, possèdent 3 étamines et un ovaire surmonté de 2 stigmates plumeux.

4. — Elles forment la base de l'alimentation des hommes : l'*orge* pour les pays froids, le *blé* pour les pays tempérés, le *riz* pour les pays chauds.

5. — Elles constituent aussi la majeure partie du *foin* des prairies naturelles ; quelques-unes sont *industrielles* comme la canne à sucre, l'orge, le bambou.

Exercices et questions d'intelligence. — Citez des liliacées alimentaires, des liliacées ornementales. Que mange-t-on dans l'oignon ? dans l'asperge ? Qu'est-ce que les *caïeux* de certaines liliacées ? Comment se termine la tige des palmiers ? Comment appelle-t-on la tige des graminées ?

98. — Acotylédones

Matériel. — Fougère, prêle, mousse, algue, champignons, lichen, amadou ou gravures en tenant lieu. Feuilles atteintes de la rouille, du mildiou, de l'oïdium ; épis ou grains cariés, ergotés.

Faits d'observation et remarques. — Remarquer les algues des eaux dormantes.
Observer un champignon : blanc, pied, chapeau (lamelles et spores).
Les champignons se reproduisent sur couches au moyen du blanc de champignon (sorte de bouture).
Il n'existe aucun moyen de distinguer les bons champignons des mauvais. On ne doit manger que ceux qui sont frais et parfaitement connus.

PLAN

1. — Acotylédones : caractères et division.
2. — Fougères et prêles.
3. — Mousse : utilité, inconvénients.
4. — Algues
   - caractères : pas de forme déterminée, ni racines, ni tige, ni feuilles.
   - division
     - eaux douces ; filaments verdâtres des eaux stagnantes.
     - marines : fucus, varech (engrais, potasse, iode).
     - bactéries : microbes de la tuberculose, du charbon, etc.
5. — Champignons
   - caractères : parasistes ; sans racines, tige, feuilles, chlorophylle.
   - parties : blanc de champignon, pied, chapeau (spores).
   - division
     - comestibles : truffes, morille, oronge, chanterelle.
     - vénéneux : amanite, fausse oronge.
     - microscopiques : ferments, moisissures, oïdium, mildiou, carie, rouille, ergot, teigne.

RÉSUMÉ

1. — Les *acotylédones* sont des plantes sans fleurs qui se reproduisent au moyen de *spores*. Elles comprennent les fougères, les mousses, les algues et les champignons.

2. — Les *fougères* ont des racines, une tige souterraine et des feuilles dont la face inférieure porte les spores. Les *prêles* ont une tige aérienne, des feuilles réduites à des écailles et une sorte d'épi qui renferme les spores.

3 — Les *mousses* possèdent une tige couverte de feuilles minces ; leurs racines sont remplacées par des poils absorbants et leurs spores sont contenues dans une urne s'ouvrant à la maturité.

4. — Les *algues* sont des plantes aquatiques sans racines, ni tige, ni feuilles. Les *bactéries* sont des algues inférieures, dont certaines espèces occasionnent la tuberculose, le charbon, la rage, etc.

5. — Les *champignons* sont des plantes parasites n'ayant ni racines, ni tige, ni feuilles, ni chlorophylle ; quelques-uns sont comestibles, beaucoup sont vénéneux. Il existe des champignons microscopiques tantôt utiles, tantôt nuisibles.

Exercices et questions d'intelligence. — Que savez-vous des fougères d'autrefois ? Quel rôle jouent les mousses dans les forêts ? dans les prairies ? sur les arbres ? Pourquoi les champignons ne peuvent-ils se nourrir aux dépens de l'air ? Que signifie l'expression : pousser comme un champignon ? Quel animal emploie-t-on pour découvrir les truffes ? Pourquoi les moisissures apparaissent-elles sur les confitures mal couvertes ?

99. — Microbes et Maladies contagieuses

Matériel et expériences. — Dans un flacon avec tube à dégagement, mettre de l'eau, du sucre non cristallisé, de la levure de bière; maintenir à une douce température, recueillir le gaz qui se dégage. Au bout de quelques jours, constater que ce gaz éteint une allumette et blanchit l'eau de chaux : c'est du gaz carbonique. Le liquide du flacon devient légèrement alcoolisé.

PLAN

1. — Les microbes
   - forme : bactéries, bacilles, vibrions.
   - habitat : air, eau, sol, êtres vivants.
2. — Reproduction : segmentation, sporation.
3. — Rôle
   - ferments : alcoolique, lactique, acétique, nitrique.
   - maladies contagieuses : tuberculose, fièvre typhoïde, variole, diphtérie, coqueluche, rougeole, scarlatine, rage, charbon, choléra, peste, tétanos, grippe.
4. — Ennemis des microbes
   - globules blancs, vaccins, hautes températures, soleil, air.
   - antiseptiques : sublimé, eau oxygénée, sulfate de cuivre, acide phénique, formol, acide sulfureux, lait de chaux, chlorure de zinc.
5. — Précautions à prendre en cas d'épidémie.

Microbes vus au microscope
1. - Charbon.
2. - Angine.
3. - Choléra.

RÉSUMÉ

1. — Les *microbes* sont des animaux très petits constitués par une seule *cellule* et ayant la forme de bâtonnets droits ou arqués, de globules, de filaments en spirale.
2. — Ils se multiplient avec une extrême rapidité, soit en se *segmentant*, soit en produisant des *spores*.
3. — D'aucuns sont utiles (*fermentation, nitrification*) ; d'autres sont la cause de *maladies contagieuses* transmises par l'air, les boissons, les plaies ouvertes et par certains animaux : mouches, rats, vers de terre.
4. — Les microbes ont pour principaux ennemis les globules blancs du sang, les vaccins, les antiseptiques, les hautes températures (de 100 à 120 degrés), les rayons du soleil et l'oxygène de l'air.
5. — Les *maladies contagieuses* sont évitables, grâce à une bonne hygiène. Les règles qui s'appliquent à toutes sont : la *propreté*, la *sobriété*, le *sang-froid*.

Exercices et questions d'intelligence. — Qu'est-ce que la mère de vinaigre ? Quelle mesure prend-on quand une maladie contagieuse se déclare dans une école ? La vaccination contre la variole conserve-t-elle indéfiniment son efficacité ? Rôle des *dispensaires*, des *sanatoriums* ? De quelle eau faut-il faire usage en temps de fièvre typhoïde ? La maladie se déclare-t-elle aussitôt que les microbes *pathogènes* envahissent notre organisme ? cesse-t-elle d'être contagieuse dès que le malade va mieux ?

100. — Plantes sarclées

Matériel — Betterave, carotte, navet, rutabaga, pomme de terre; — cuvette, râpe, eau.

Faits d'observation et expériences. — Observer comment on fait un silo.
Constater que la carotte et la betterave sont sucrées.
Râper une pomme de terre, pétrir la pulpe sous un filet d'eau qu'on reçoit dans une cuvette et remarquer la fécule qui se dépose au fond de l'eau.

PLAN

1. — Enumération.
2. — Culture : sol, engrais, semis, soins, récolte, conservation.
3. — Betterave { culture : démariage, effeuillage, décolletage. variétés : potagère, fourragère, industrielle.
4. — Carotte, navet, rutabaga.
5. — Pomme de terre { culture : choix des plants, buttage, maladies. variétés : potagère, fourragère. utilité : alimentation, fécule, glucose, alcool.

RÉSUMÉ

1. — Les *plantes sarclées* sont utilisées pour leurs racines comme la *betterave*, la *carotte*, le *navet*, ou pour les renflements de leurs tiges souterraines comme la *pomme de terre*, le *topinambour*.

2. — Elles exigent des sols *profonds* et bien *fumés*, des *sarclages* et des *binages* répétés. Elles se *sèment* ou se *plantent* en avril ou mai, se récoltent à l'automne et se conservent en *silos* ou en *caves*.

3. — La *betterave* demande un terrain fertile et un peu argileux. On l'utilise pour la nourriture de l'homme et des animaux, pour la fabrication du *sucre* et de *l'alcool*.

4. — La *carotte* se plaît dans les terrains frais et ne craint pas le froid. Le *navet* aime les terres légères et peut se cultiver en récolte dérobée. Le *rutabaga* se sème en place ou en pépinière.

5. — La *pomme de terre* demande une terre légère, calcaire et peu humide. Elle est utilisée dans l'industrie et pour l'alimentation de l'homme et des animaux. Le *topinambour* réussit dans tous les terrains et se cultive comme la pomme de terre.

Exercices et questions d'intelligence — Quelles sont les plantes sarclées qu'on cultive dans la localité ? Pourquoi les désigne-t-on encore sous les noms de *plantes racines, plantes tubercules* ? Pourquoi les appelle-t-on aussi plantes nettoyantes ? plantes épuisantes ? Que produit le buttage sur les pommes de terre ? le démariage et le décolletage sur les betteraves ? Faut-il effeuiller ces dernières ? Qui introduisit la pomme de terre en France ? Faut-il couper les pommes de terre que l'on plante ? Pourquoi certains tubercules verdissent-ils ? Quelles sont les maladies de la pomme de terre ?

101. — Prairies naturelles

Matériel. — Principales plantes utiles et nuisibles des prairies naturelles, instruments de fanage ou gravures ; poignée d'herbe verte.

Faits d'observation. — Examiner les plantes des prairies naturelles.
Remarquer comment on fait la fenaison dans la contrée.
Constater que les feuilles de graminées sont embrassantes et se détachent difficilement, ce qui permet de secouer l'herbe pendant la fenaison.
Peser une poignée d'herbe avant et après la dessication : perte pour cent.

PLAN

1. — Les prairies ; sortes.

2. — Composition des prairies naturelles :
- graminées : ray-grass, paturin, fétuque, dactyle pelotonné, fromental, fléole, etc.
- légumineuses : trèfles, minette, lotier, vesces.
- plantes diverses : chrysanthèmes, centaurées, cardamine, sauge, thym, menthe, anis.
- plantes inutiles : carex, joncs, prêles, rhinanthes, patience.
- plantes dangereuses : ciguë, colchique, renoncule (verte).

3. — Choix du terrain et mode d'engazonnement.

4. — Soins d'entretien : drainage, irrigation, hersage, plombage, sarclage, fumures.

5. — Récolte du fourrage : fenaison, ensilage.

RÉSUMÉ

1. — Les *prairies* sont des terres couvertes d'herbe que l'on convertit en foin ou que l'on fait pâturer en vert. On distingue les *prairies naturelles* et les *prairies artificielles*.

2. — Les *prairies naturelles* sont essentiellement formées de *graminées* et de *légumineuses*. On y trouve aussi des plantes inutiles et même dangereuses.

3. — Les terres qui conviennent le mieux pour la création des prairies naturelles doivent être fraîches, fertiles et faciles à arroser. Le meilleur mode d'engazonnement consiste à semer des graines choisies en tenant compte des qualités du sol.

4. — Les soins d'entretien sont : le *drainage*, l'*irrigation*, le *hersage*, le *plombage*, le *sarclage* et les *fumures*. On combat l'acidité du sol par les *scories de déphosphoration*.

5. — Quand les plantes sont en pleine floraison, on procède à la *fenaison* qui comprend le *fauchage*, le *fanage* et la *rentrée* dans les fenils. On peut aussi conserver les fourrages en vert par l'*ensilage*.

Exercices et questions d'intelligence. — Expliquez ces aphorismes : « Si tu veux du blé, fais des prés », « Qui a foin a pain ». Faut-il utiliser les *fenasses*, *fleurains* ou *fleurs de foin* pour la création d'une prairie ? Pourquoi les prairies ont-elles besoin de beaucoup d'eau ? A quel moment de l'année est-il préférable de les fumer ? Pourquoi met-on le foin en tas le soir, tant que la dessication n'est pas complète ? Comment améliore-t-on les fourrages rentrés dans de mauvaises conditions ? Comment s'appelle la 2e récolte de foin de l'année ?

102. — Prairies artificielles

Matériel. — Luzerne, trèfle, sainfoin, minette avec leurs racines; — plâtre, cuscute.

Faits d'observation. — Faire remarquer les nodosités qui se trouvent sur les racines des légumineuses.

Constater que les plantes coupées et laissées à l'action de la rosée ou de la pluie perdent de leur poids et de leur qualité.

PLAN

1. — Composition et durée.
2. — Importance.
3. — Culture
   - sol : sec (luzerne), frais (trèfle), calcaire (sainfoin, minette).
   - semailles : époque.
   - soins : épierrement, fumure, hersage, plâtrage.
   - maladie : cuscute.
4. — Utilisation : pâturage (météorisation), foin, ensilage.
5. — Autres plantes fourragères.

RÉSUMÉ

1. — Les *prairies artificielles* sont généralement formées d'une légumineuse comme la *luzerne*, le *trèfle*, le *sainfoin*, la *minette*. Elles durent de 1 à 10 ans.

2. — Elles diminuent la surface cultivée, permettent l'entretien d'un nombreux bétail et enrichissent le sol en azote.

3. — Le semis se fait de préférence en mars dans une céréale de printemps. Il est utile de *plâtrer* la luzerne et le trèfle et de détruire la *cuscute* qui les envahit quelquefois.

4. — Le fourrage des prairies artificielles est consommé en vert ou transformé en foin. La luzerne et le trèfle, à l'état vert, peuvent occasionner la *météorisation* chez les ruminants.

5. — On utilise encore comme plantes fourragères le *maïs*, le *seigle*, l'*avoine*, la *vesce*, la *lentille*, le *sarrasin*, le *colza*. Dans ce cas, ces plantes se sèment plus épais que lorsqu'on les cultive pour leurs graines.

Exercices et questions d'intelligence. — Quelles sont les prairies artificielles de la localité ? Pourquoi la luzerne demande-t-elle un sol profond ? Combien d'années peut-elle durer ? Quelle précaution faut-il prendre pour prévenir l'envahissement de la cuscute ? Pourquoi emploie-t-on parfois le trèfle comme engrais vert ? Pourquoi faut-il faucher les légumineuses avec précaution ? Qu'appelle-t-on « pâturage au piquet ».

INSTRUMENTS AGRICOLES

Charrue bisoc

Scarificateur

Herse

Rouleau

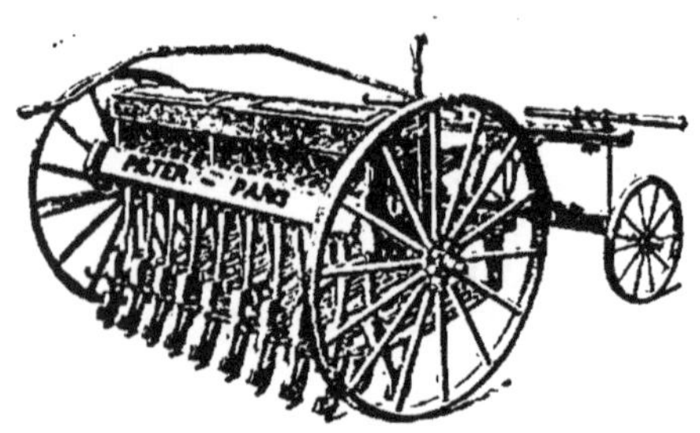

Semoir

Semoir à engrais

Moissonneuse-lieuse

103. — Céréales

Matériel. — Céréales diverses ou gravures les représentant; graines de certaines céréales; farine, son, gruau, semoule, paille; gravures représentant une batteuse, un tarare, un trieur.

Faits d'observation. — Se rendre compte de ce que sont le tallage, la verse, la rouille, le charbon, l'ergot.
Faire constater que l'avoine a des racines plus nombreuses que le blé, ce qui explique pourquoi elle peut vivre plus facilement dans les terres pauvres.

PLAN

1. — Définition. Principales céréales.
2. — Culture
   - sol : nature et préparation.
   - engrais : azotés, phosphatés.
   - semailles : modes, époques, choix et préparation des semences.
   - soins : hersage, roulage, engrais en couverture, sarclage.
3. — Maladies des céréales; comment on les combat.
4. — Récolte et conservation.
5. — Utilisation du grain, de la paille, des balles.

RÉSUMÉ

1. — Les *céréales* sont des plantes dont les graines servent à la nourriture de l'homme et des animaux. Les principales sont : le *blé*, le *seigle*, l'*orge*, l'*avoine*, le *maïs*, le *sarrazin*.

2. — Elles demandent un sol bien ameubli et des engrais riches en azote et en acide phosphorique. On les sème en automne et au printemps, soit à la *volée*, soit au *semoir mécanique*; les soins d'entretien consistent en *hersages*, *roulages*, *sarclages*.

3. — Les céréales redoutent certaines maladies comme le *charbon*, la *rouille*, l'*ergot*. Elles sont en outre sujettes à la *verse* et exposées aux ravages de certains animaux.

4. — La *moisson* s'exécute avant la complète maturité des grains, soit à bras, soit à l'aide de machines. On sépare le grain au moyen du *fléau*, de la *batteuse*, du *tarare* et on le conserve dans des *greniers* bien conditionnés.

5. — Le grain des céréales donne de la *farine*, du *son*, de l'*amidon*. La paille est utilisée comme *litière* et dans la confection des *liens*, des *paillassons*, des *chaises*, du *papier*.

Exercices et questions d'intelligence. — Pourquoi les céréales sont-elles appelées plantes salissantes? Comment choisit-on la semence et comment la prépare-t-on? Quelle quantité emploie-t-on par hectare? Les céréales souffrent-elles sous la neige? Comment favorise-t-on le tallage? Comment rend-on la vigueur aux blés souffreteux au commencement du printemps? Quelles sont les plantes adventices qui envahissent parfois les céréales? Quels sont les insectes qui s'attaquent au blé dans les greniers? Comment les éloigne-t-on? Quelle différence y a-t-il entre un épi de blé et un épi d'avoine?

104. — Farine, pain, pâtes alimentaires

Matériel. — Grains de blé, 2 pierres plates ; — farine, carafe d'eau, assiette ; — son, gruaux, semoule, tapioca, vermicelle, macaroni, nouilles.

Faits d'observation et expériences. — Ecraser quelques grains de blé entre deux pierres et séparer la farine du son.

Malaxer un peu de farine avec les doigts sous un mince filet d'eau, l'amidon est entraîné et le gluten se prend aux doigts.

PLAN

1. — Meunerie : mouture, blutage.
2. — La farine : gluten, amidon.
3. — Le pain.
4. — Panification.
5. — Pâtes alimentaires ; semoule, tapioca.

RÉSUMÉ

1. — Les grains des céréales sont *moulus* au moyen de *meules* ou de *cylindres* dans des moulins mus par le vent, l'eau ou la vapeur.

2. — La farine est principalement composée de *gluten* et d'*amidon*. Le gluten est une substance azotée qui forme la partie la plus nutritive de la farine.

3. — Le meilleur pain est fait avec de la farine de blé. La fabrication comprend le *pétrissage*, la *fermentation*, la *cuisson*.

4. — La farine est pétrie à la main ou mécaniquement avec de l'eau tiède et un peu de sel ; la fermentation est provoquée par du *levain* ou de la *levure de bière* ; la cuisson se fait dans des *fours fixes* ou *tournants*.

5. — Le *vermicelle*, le *macaroni*, les *nouilles* sont fabriqués avec une pâte de blé dur bien pétrie, pressée dans un moule et séchée dans une étuve. La *semoule* est constituée par les granules plus ou moins fins de la farine. Le *tapioca* est retiré de la fécule de la racine du *manioc*.

Exercices et questions d'intelligence. — Pourquoi fait-on lever la pâte ? Qu'est-ce qui détermine les yeux du pain ? Quelle farine utilise le pâtissier ? Pourquoi donne-t-on du tapioca aux personnes faibles ? Que fait-on de l'amidon ?

105. — Plantes Industrielles

Matériel. — Graines de chanvre, de lin, de colza, de navette, d'œillette ; — benzine ou essence de pétrole ; — jus de tabac ; — plantes industrielles ou gravures les représentant, filasse, farine de lin, tourteaux, cônes de houblon.

Faits d'observation et expériences. — Faire une tache sur une feuille de papier en écrasant quelques graines oléagineuses, enlever cette tache avec de la benzine ou du pétrole.
Montrer l'action du jus de tabac sur des rameaux attaqués par les pucerons.

PLAN

1. — Définition.
2. — Plantes oléagineuses : olivier, colza, navette, œillette.
3. — Plantes textiles : lin, chanvre.
4. — Plantes { Tinctoriales : garance (rouge), pastel (bleu), safran (jaune). Aromatiques : houblon, tabac.
5. — Culture { Soins d'entretien : binages, buttages, sarclages, éclaircissages, taille. Récolte : cueillette, fauchage, arrachage.

RÉSUMÉ

1. — Les *plantes industrielles* donnent des produits qui sont transformés par l'industrie avant de servir à nos besoins. Elles sont d'un bon rapport, mais elles exigent un sol bien travaillé et beaucoup d'engrais.
2. — Les *plantes oléagineuses* donnent de l'*huile* et des *tourteaux*. Les principales sont l'*olivier*, le *colza*, la *navette*, l'*œillette*.
3. — Le *lin* et le *chanvre* sont des *plantes textiles* qui fournissent de la *filasse*, de l'*huile* et des *tourteaux*. Après le *rouissage* et le *teillage*, on obtient la filasse qui entre dans la fabrication des toiles, des dentelles, des cordages, etc.
4. — Les *plantes tinctoriales* comme la *garance*, le *pastel*, le *safran* ont beaucoup perdu de leur importance depuis la découverte des couleurs minérales. Le *tabac* et le *houblon* sont des *plantes aromatiques* qui alimentent des industries importantes.
5. — Les *plantes industrielles* réclament des soins d'entretien divers : elles sont binées, buttées, sarclées, taillées, écimées suivant leur nature. Leur récolte est une *cueillette*, un *fauchage* ou un *arrachage*.

Exercices et questions d'intelligence. — Pourquoi certaines régions ont-elles abandonné la culture du lin et du chanvre ? Qu'est-ce que le chanvre mâle ? le chanvre femelle ? Quel nom donne-t-on aux graines du chanvre ? aux terrains ensemencés de chanvre ? Qu'appelle-t-on huile siccative ? Quels sont les divers usages de l'huile ? Comment utilise-t-on les tourteaux ? Pourquoi la culture du tabac n'est-elle pas libre ? Quelles sont les plantes industrielles de la région ? Comment les cultive-t-on ?

106. — Fabrication des Etoffes

Matériel. — Fils et étoffes de chanvre, de lin, de coton, de laine, de soie ; — filasse ; — toile métallique.

Faits d'observation et expériences. — Brûler d'une part un fil de soie et un fil de laine, d'autre part un fil de chanvre et un fil de coton : les deux premiers se recroquevillent et répandent une mauvaise odeur, les seconds brûlent facilement sans odeur.

Constater que deux ou trois brins de filasse se brisent assez facilement, mais que si on les tord, leur résistance est beaucoup plus grande.

Remarquer la chaîne et la trame d'un morceau d'étoffe, d'une toile métallique.

Constater que la toile de lin est plus fine que celle de chanvre.

PLAN

1. — Matières premières et opérations auxquelles on les soumet.
2. — Le filage : le fuseau, le rouet, le filage mécanique (broche).
3. — Le tissage à la main et le tissage mécanique ; la chaîne et la trame.
4. — Apprêts : opérations variant avec la nature de l'étoffe.
5. —
   - Blanchiment
     - lin, coton : chlorure de chaux.
     - laine, soie : gaz sulfureux.
   - Teinture
     - procédés : immersion, impression.
     - matières colorantes
       - naturelles : cochenille, campêche, indigo.
       - artificielles : aniline, fuchsine.
     - mordants : alun, tannin, sulfate de fer.

RÉSUMÉ

1. — La fabrication des tissus de *chanvre*, de *lin*, de *coton*, de *laine* et de *soie* comprend principalement le *filage*, le *tissage*, les *apprêts*, le *blanchiment* et la *teinture*.

2. — Le filage s'exécute à la *main* où à la *machine à filer*. Il est précédé du *cardage* pour la laine et le coton, du *peignage* pour le chanvre, le lin et la laine, du *dévidage* et du *moulinage* pour la soie.

3. — Le tissage se fait à l'aide de *métiers à bras* et de *métiers mécaniques*. Les *fils de chaîne* et les *fils de trame* sont entrecroisés de différentes façons.

4. — Les étoffes obtenues sont soumises à certains apprêts tels le *dégraissage* et le *repassage* pour la toile, le *foulage* et le *tondage* pour le drap.

5. — On blanchit le lin et le coton au moyen du *chlore*, la laine et la soie à l'aide *du gaz sulfureux*. La teinture se fait par *immersion* où par *impression* avec des *matières colorantes* que l'on fixe au moyen de *mordants*.

Exercices et questions d'intelligence. — Pourquoi le filage et le tissage mécaniques ont-il remplacé presque complètement le filage et le tissage à la main ? Que pensez-vous de Philippe de Girard, l'inventeur de la machine à filer et de Jacquard, l'inventeur d'un métier à tisser ? Qu'est-ce que la navette du tisserand ? Qu'appelle-t-on toile écrue, toile blanchie ? Qu'est-ce que la soie grège ? Par quoi évalue-t-on l'importance des industries textiles ? Sous quel nom désigne-t-on les cotonnades de Rouen ?

107. — La Vigne

Matériel. — Sarments de vigne; — racines, feuilles, fruits attaqués par les ennemis de la vigne; — soufre en fleur, sulfate de cuivre; — pulvérisateur, soufflet; — raisins frais ou secs.

Faits d'observation et expériences. — Faire une bouture de vigne. Exécuter la greffe anglaise.

Constater que les raisins viennent sur les pousses de l'année portées par des sarments de l'année précédente.

Observer des feuilles et des fruits attaqués par les ennemis de la vigne.

PLAN

1. — Définition; modes de culture.
2. — Multiplication : semis, plantation, greffage.
3. — Culture
   - engrais : fumier décomposé, engrais chimiques.
   - formes : cordon, espalier, goblet.
   - taille
     - d'hiver : courte, longue, mixte.
     - d'été : ébourgeonnement, pincement, effeuillage.
   - palissage ou accolage, labours, binages, sarclages.
4. — Ennemis
   - mildiou : bouillie bordelaise.
   - oïdium : soufre.
   - phylloxéra : plants américains.
   - pyrale : ébouillantage.
5. — Vendange; époque.

RÉSUMÉ

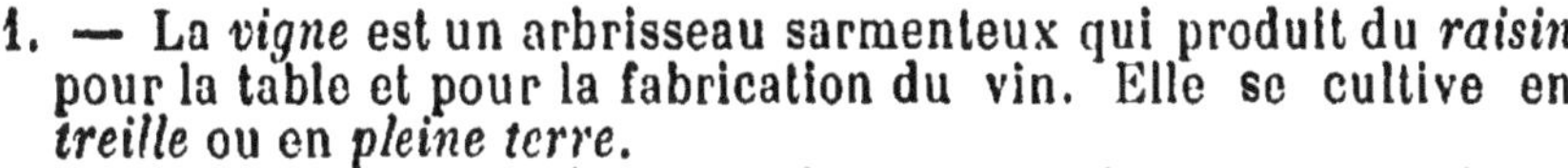

1. — La *vigne* est un arbrisseau sarmenteux qui produit du *raisin* pour la table et pour la fabrication du vin. Elle se cultive en *treille* ou en *pleine terre*.
2. — La vigne réussit dans tous les terrains dont le sous-sol est perméable et sec. Elle se reproduit par *semis*, *bouturage*, *marcottage* et *greffage*.
3. — La vigne exige une fumure abondante et un sol bien entretenu. On la *taille* au printemps; plus tard on l'*ébourgeonne*, on on la *pince* et on l'*effeuille* si c'est utile.
4. — La vigne a de nombreux ennemis : le *mildiou*, l'*oïdium*, le *phylloxéra*, la *pyrale*, etc. Elle craint en outre la gelée et les pluies persistantes.
5. — La récolte du raisin s'appelle la *vendange*. Elle se fait suivant les régions, depuis le commencement de septembre jusqu'à la fin d'octobre.

Exercices et questions d'intelligence. — Peut-on cultiver la vigne partout? Que devient une vigne non taillée? Pourquoi la vigne pleure-t-elle quand on la taille? Comment appelle-t-on les piquets qui soutiennent les ceps de vigne? Avec quels instruments répand-on la bouillie bordelaise, la fleur de soufre? Quelles sont les deux principales sortes de raisins? Quels sont les principaux vignobles de la région? de la France? Qu'est-ce qu'un grand cru?

108. — Boissons alcooliques
(fermentées et distillées)

Matériel. — Raisins, plusieurs verres, allumettes; — eau froide, eau chaude, alcool; — grains d'orge, soucoupe; — cônes de houblon, malt, levure de bière.

Faits d'observation et expériences. — Montrer qu'une allumette enflammée s'éteint quand on la place au-dessus des raisins qui fermentent.

Placer de la peau de raisin dans trois verres contenant respectivement de l'eau froide, de l'eau chaude, de l'alcool: remarquer la différence de coloration.

Parler des maladies du vin: acidité, graisse, tourne, moisi.

Faire germer quelques grains d'orge et constater qu'ils ont une saveur sucrée très sensible.

PLAN

1. — Boissons fermentées.
2. — Vin { fabrication. sortes. maladies. falsifications.
3. — Bière: maltage, brassage, houblonnage, fermentation.
4. — Cidre : broyage, pressurage, fermentation.
5. — Boissons distillées { eaux-de-vie { marc, cognac, armagnac, calvados. kirsch, rhum, prune, genièvre. — alcools d'industrie { eaux-de-vie de grains, de betteraves, de pommes de terre. — liqueurs: absinthe, chartreuse, vermouth, amers.

RÉSUMÉ

1. — Les *boissons fermentées* (vin, bière, cidre, poiré, etc.) sont fabriquées avec le jus de certains fruits dont le sucre a été transformé en alcool par l'action des *ferments*.
2. — La fabrication du *vin* comprend le *foulage* des raisins, la *fermentation* du moût et la *mise en tonneaux*. Les vins sont rouges ou blancs, acides, sucrés ou mousseux.
3. — La *bière* est une décoction d'orge germée qu'on aromatise avec des cônes de *houblon* et qu'on fait ensuite fermenter.
4. — Le *cidre* s'obtient par la fermentation du jus de pommes écrasées et pressurées. Le *poiré* est le jus fermenté de la poire.
5 — Les *boissons distillées* proviennent : 1° des boissons fermentées; 2° des marcs, fruits, grains, racines, tubercules, soumis à la fermentation. Elles sont extraites par la *distillation* et purifiées par la *rectification*.

Exercices et questions d'intelligence. — Peut-on faire du vin blanc avec des raisins rouges? Qu'appelle-t-on raisin de goutte, de pressoir, de sucre? Comment éclaircit-on le vin trouble? Quels soins faut-il donner aux tonneaux? Qu'entend-on par la *pasteurisation* du vin? Que devient le vin auquel on fait subir une nouvelle fermentation? Qu'est-ce que le *mouillage*, le *vinage*, le *plâtrage*? Qu'appelle-t-on *bouilleur de cru*? Où boit-on surtout du cidre, de la bière? Que fait-on des *drêches de brasserie*, des *pulpes* de distillerie?

109. — La Forêt

Matériel. — Echantillons de bois divers ; liège, résine, glands, faines, noisettes, etc.

Faits d'observation. — Constater que le chêne perd ses feuilles annuellement tandis que le sapin les conserve.
Remarquer tous les objets en bois qui nous entourent.

PLAN

1. — La forêt ; principaux types.
2. — Création d'un bois et soins d'entretien.
3. — Exploitation des forêts.
4. — Utilité des forêts
   - rôle
     - influence sur le climat : température, humidité.
     - régularité du régime des eaux.
     - assainissement de l'atmosphère.
   - bois
     - de chauffage.
     - d'industrie : charpente, ébénisterie, carrosserie, boissellerie, tonnellerie, saboterie, jouets, allumettes.
   - produits divers : charbon, poudre, papier, esprit de bois, liège, tan, résine, glands, faines, châtaignes.
5. — Reboisement : Sociétés scolaires pastorales forestières, Mutuelles scolaires forestières.

RÉSUMÉ

1. — Une *forêt* est un vaste terrain couvert d'arbres, les uns à feuilles *caduques*, les autres à feuilles *persistantes*. Elle peut être une *futaie*, un *taillis*, un *taillis sous futaie*.
2. — On *boise* les terres à pente rapide ou de mauvaise qualité, les dunes et les sols malsains. On procède par *semis* ou par *plantations* ; par la suite on garnit les vides, on éclaircit, on élague.
3. — On coupe tous les 30 à 40 ans les taillis et les taillis sous futaies. L'exploitation des futaies se fait généralement par *éclaircies* sur des arbres de 40 à 200 ans.
4. — Les forêts modifient le *climat*, régularisent le *régime des eaux* assainissent *l'atmosphère* et fournissent du *bois de chauffage* et *d'industrie* en même temps qu'un grand nombre de produits variés
5. — Le *reboisement* est fortement recommandé tandis que le *déboisement* est rigoureusement réglementé. Des *sociétés scolaires* se sont créées pour exécuter des plantations de forêts dans les terrains en friches.

Exercices et questions d'intelligence. — En quoi consiste le recepage des plants et quel en est le but ? A quelle époque s'effectue l'abatage des arbres ? Qu'appelle-t-on baliveaux, modernes, anciens ? Qu'est-ce que couper à blanc étoc ? Quels arbres fournissent le bois dur, le bois tendre ? Comment les forêts diminuent-elles les écarts de la température ? augmentent-elles le degré de l'humidité ? Assainissent-elles les côtes malsaines ? Préviennent-elles les inondations, les avalanches ? Pourquoi une promenade au bois donne-t-elle de l'appétit ? Quelles sont les forêts les plus remarquables de votre région, de la France ?

CHAPITRE IV

Compléments

Electricité

Economie domestique

110. — L'Électricité

Matériel. — Papier, tiges de fer, bâtons de cire, fils de soie ; — balles de sureau ; — pièce de 2 fr.

Faits d'observation et expériences. — Frotter un morceau de papier bien sec avec la main également sèche et constater qu'il attire les corps légers ; répéter la même expérience avec une tige de verre, un morceau de cire à cacheter (Electrisation par frottement.)

Approcher l'un de l'autre deux morceaux de verre frottés et suspendus à un fil : il y a répulsion ; même phénomène avec deux morceaux de cire.

Approcher le verre électrisé de la cire électrisée : il y a attraction.

Approcher une tige de verre électrisée d'une balle de sureau suspendue à un fil de soie : attraction de la balle (électrisation par influence); après contact : répulsion de la balle (électrisation par contact).

Placer deux balles de sureau suspendues à un fil de soie au-dessus de morceaux de cire électrisée : les balles s'écartent (électrisation par influence.)

Placer une pièce de 2 francs sur un morceau de cire fortement électrisé et toucher la pièce avec le doigt : bruit sec et étincelle aperçue seulement dans l'obscurité.

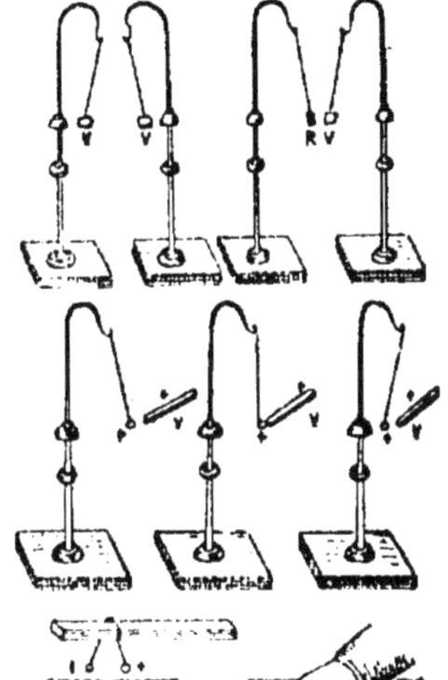

PLAN

1. — Corps { mauvais conducteurs ou isolants. / bons conducteurs.
2. — Sortes d'électricités ; leurs propriétés.
3. — L'étincelle électrique ; pouvoir des pointes.
4. — Electrisation des corps.
5. — La foudre et le paratonnerre.

RÉSUMÉ

1. — Les corps frottés *s'électrisent* et attirent les corps légers. Les corps sont *bons* ou *mauvais conducteurs* de l'électricité.
2. — On admet qu'il y a deux sortes d'électricités : *l'électricité vitrée ou positive* (+) et *l'électricité résineuse ou négative* (−). Les électricités de même nom se repoussent ; celles de noms contraires s'attirent.
3. — Quand deux électricités contraires se réunissent brusquement, il se produit une *étincelle* accompagnée d'un bruit sec. L'électricité peut s'écouler par les *pointes* sans étincelle.
4. — Les corps s'électrisent aussi par influence et par contact.
5. — La *foudre* est la décharge électrique entre deux nuages ou entre un nuage et le sol. On préserve les édifices au moyen du *paratonnerre*.

Exercices et questions d'intelligence. — Qu'est-ce qui produit les légers crépitements que l'on entend en passant la main sur le dos d'un chat ? Pourquoi un fil plongé dans l'eau ne peut-il conduire l'électricité ? Quelles précautions faut-il prendre en temps d'orage ? Le tonnerre est-il redoutable par lui-même ? Comment écarte-t-on les orages ?

111. — Le courant électrique

Matériel. — Verre, acide sulfurique, lames de zinc et de cuivre, fil de cuivre; — boussole.

Faits d'observation et expériences. — Construire une pile avec un verre contenant de l'eau étendue d'acide sulfurique et où plongent une lame de zinc et une lame de cuivre réunis par un fil de cuivre.

Placer le fil au-dessus d'une aiguille aimantée et constater l'existence du courant par la déviation de l'aiguille.

PLAN

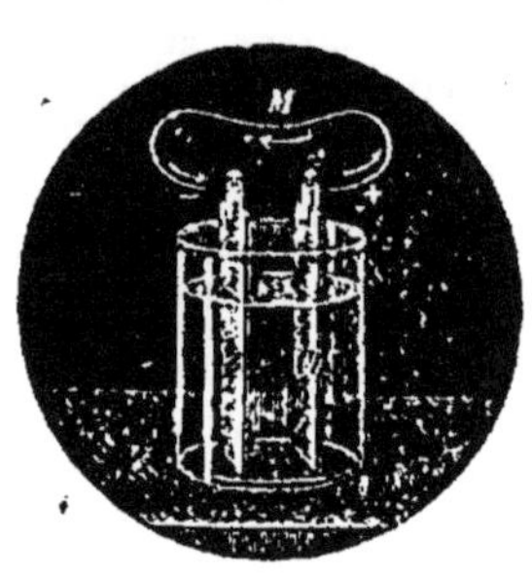

1. — Les piles ; leurs éléments.
2. — Le courant électrique ; sa constatation.
3. — Principales piles électriques.
4. — Action du courant électrique sur l'eau et les sels ; galvanoplastie.
5. — Autres applications du courant électrique.

RÉSUMÉ

1. — On produit encore l'électricité au moyen de *piles électriques*. Elles comprennent deux *pôles* et un liquide dont l'action chimique donne naissance à un *courant électrique*.

2. — Ce courant s'obtient en unissant les deux pôles par un *fil métallique*. On constate sa présence en le faisant passer au-dessus d'une *boussole* ou dans une *sonnerie électrique*.

3. — La pile électrique la plus ancienne est celle de *Volta* ; la pile *Leclanché* et la pile au *bichromate de potasse* sont parmi les plus simples et les plus communes.

4. — Le courant électrique décompose l'eau et les sels. C'est sur cette propriété que reposent la dorure, l'argenture, le nickelage désignés souvent sous le nom de *galvanoplastie*.

5. — Les piles trouvent aussi leur application dans le *télégraphe*, *le téléphone* et les *sonneries électriques*. La médecine les utilise également (névralgie, paralysie).

Exercices et questions d'intelligence. — Qu'éprouve-t-on quand on prend les fils de la pile dans chaque main ? Pourquoi les fils électriques sont-ils recouverts d'étoffe ? Peut-on associer plusieurs fils ensemble pour augmenter la puissance du courant ? Pourquoi les fils télégraphiques sont-ils isolés des poteaux qui les soutiennent par des godets en porcelaine ?

112. — Les Aimants

Matériel. — Aimants, pointes en fer, plumes d'acier ; — limaille de fer, feuille de papier ; — bol plein d'eau, bouchons, aiguille à tricoter ; — fil conducteur ; — pile, couteau, bobine.

Faits d'observation et expériences. — Montrer l'action d'un aimant sur des pointes en fer, sur des plumes d'acier.

Placer une feuille de papier saupoudrée de limaille au-dessus d'un aimant artificiel et remarquer que la limaille se rassemble aux pôles de l'aimant.

Montrer que l'acier conserve son aimantation, tandis que le fer la perd dès que cesse l'action de l'aimant.

Donner une idée de la boussole au moyen d'une aiguille aimantée traversant un morceau de liège flottant sur l'eau ; utiliser ce dispositif pour vérifier les lois d'attraction et de répulsion des aimants.

Construire un électro-aimant au moyen d'un fil conducteur enroulé autour d'un bouchon traversé par une pointe en fer.

Avec une pile, un électro-aimant, deux bouchons et un couteau, donner une idée du télégraphe électrique.

PLAN

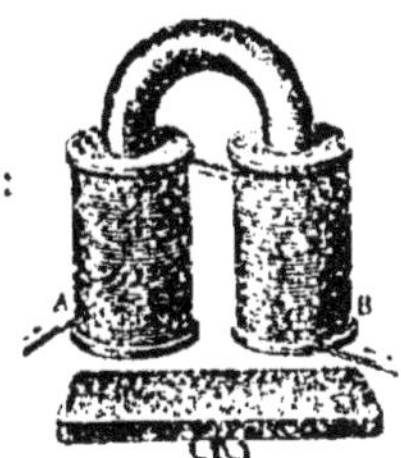

1. — Aimants : naturels et artificiels.
2. — Pôle nord et pôle sud.
3. — Orientation des aimants : la boussole.
4. — Aimantation par le courant électrique (électro-aimants) :
   Télégraphe (*Pile, manipulateurs, ligne, récepteur*).
   Téléphone.
   Sonneries électriques.
5. — Dynamos électriques :
   Eclairage électrique (*lampes à arc, à incandescence*).
   Force motrice (*tramways, ascenseurs, moteurs*).

RÉSUMÉ

1. — Un *aimant* est un corps qui a la propriété d'attirer le fer et l'acier. Les aimants sont *naturels* ou *artificiels*
2. — Un aimant a deux pôles : le *pôle nord* et le *pôle sud* Les pôles semblables se repoussent, les pôles contraires s'attirent.
3. — Une *aiguille aimantée* et mobile dirige toujours une de ses pointes vers le nord ; la *boussole* en est une application.
4. — Le *courant électrique* peut aussi déterminer l'aimantation temporaire du fer : c'est le principe des *électro-aimants* qui trouvent leur application dans le télégraphe, le téléphone, les sonneries électriques, etc.
5. — Les *dynamos électriques* produisent un courant intense utilisé pour l'éclairage électrique et comme force motrice.

Exercices et questions d'intelligence. — Comment pourrait-on retirer les particules de fer introduites dans l'œil ou dans une plaie ? Pourquoi l'aiguille aimantée se dirige-t-elle toujours vers le nord ? Est-il nécessaire que la pile soit placée près du fer pour qu'il y ait aimantation ? Quelle est la plus douce des lumières données par la lampe à arc et la lampe à incandescence ?

Principales applications de l'Électricité

I. — TÉLÉGRAPHE

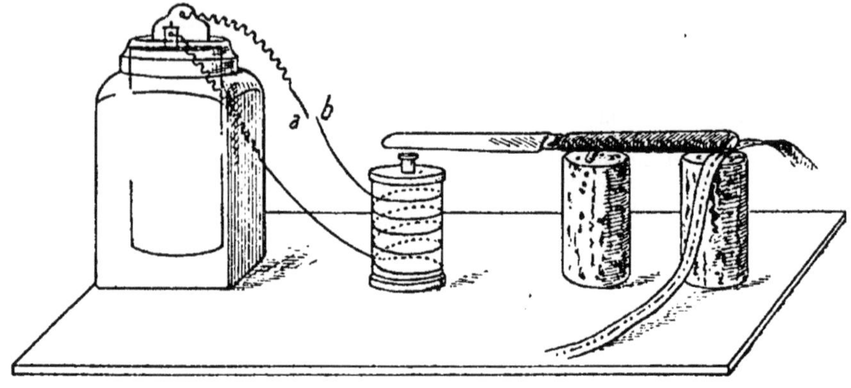

II. — SONNERIES

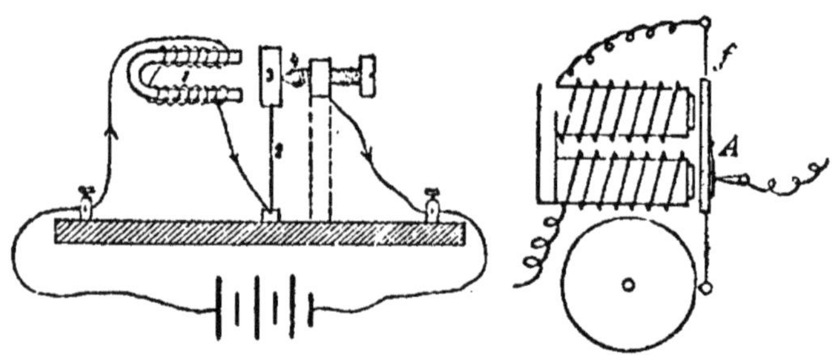

III. — TÉLÉPHONE

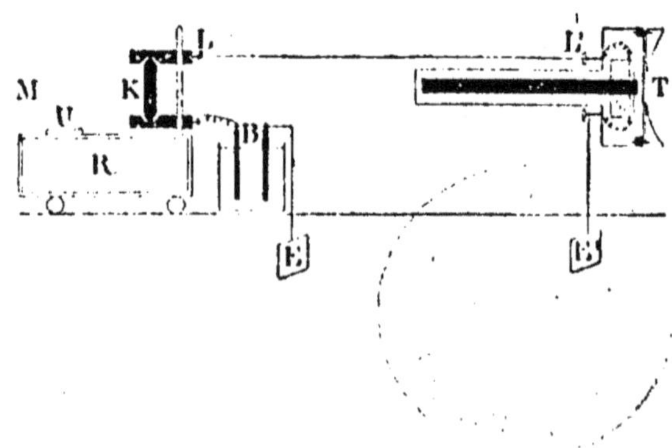

Economie domestique

113. — Entretien de la maison

Matériel. — Cire jaune, essence de térébenthine ; — eau de Javel ; — paille de fer ; — balais, plumeau, brosses diverses.

Faits d'observation et expériences. — Dissoudre de la cire dans de l'essence de térébenthine, pour montrer comment on prépare l'encaustique.
Montrer l'action de l'eau de Javel sur les boiseries peintes.
Constater que la paille de fer enlève les taches du parquet ciré.
Remarquer que les bonnes ménagères font régulièrement de grands nettoyages généralement au commencement et à la fin de l'hiver.

PLAN

1 — Propreté de la maison d'habitation ; opérations qu'elle comporte.
2. — Le balayage ; les différents balais ; précautions à prendre.
3. — L'époussetage ; rôle du plumeau.
4. — Lavage du carrelage, du parquet, des murs, des boiseries.
5. — Le cirage : la pose, le frottage.

RÉSUMÉ

1. — Pour rendre la maison plus saine et plus agréable, il faut la tenir très proprement. Dans ce but, on pratique *le balayage, l'époussetage,* le *lavage* et le *cirage* des parquets.

2. — On balaye chaque jour avec des *balais* de crin ou de matière végétale. On a soin d'aérer largement et d'humecter préalablement le sol ou de le recouvrir de sciure humide.

3. — Quand la poussière est tombée, *l'époussetage* se fait en essuyant avec un torchon de laine de préférence au *plumeau* qu'on utilise que pour les objets délicats.

4. — Les *appartements* constamment habités doivent être souvent lavés à la brosse. Les *parois* et les *boiseries* peintes à l'huile se lavent à l'eau de savon, les *murs tapissés* s'époussettent avec la *tête de loup.*

5. — Le *cirage* des parquets, plus élégant et plus sain que le lavage, se fait au moyen de *l'encaustique* que l'on peut préparer soi-même. Les appartements cirés sont balayés à sec, puis frottés avec un chiffon de laine.

Exercices et questions d'intelligence. — Dans quel but place-t-on des décrottoirs, des paillassons à l'entrée des habitations ? Quel est l'usage des différents balais ? Comment balaie-t-on sous les meubles ? Que fait-on des ordures ramassées par le balai ? Comment nettoie-t-on le torchon rempli de poussière? Pourquoi ne faut-il pas laver le sol des appartements avec le balai ni à pleine eau ? Comment nettoie-t-on les murs nus ? Pourquoi ne faut-il pas laver les boiseries peintes avec des eaux de potasse ou de soude ? Pourquoi est-il préférable d'employer le papier verni ou glacé pour tapisser les murs ? Les brosses à parquet sont munies d'une courroie pour être mues par le pied ou d'un manche pour l'être par les mains; lesquelles sont préférables ?

114. — Entretien des Meubles

Matériel. — Blanc d'Espagne, alcool, peau de chamois; — vinaigre, morceau de marbre; — linge imbibé d'huile; — feuilles de thé ayant servi et tapis; — raquette en rotin, brosse à crin très dur.

Faits d'observation et expériences. — Nettoyer une vitre de classe au moyen de l'alcool étendu d'eau et un peu de blanc d'Espagne.

Jeter quelques gouttes de vinaigre sur un morceau de marbre et constater la tache; même résultat avec un fruit.

Frotter un morceau de marbre avec un linge légèrement imbibé d'huile pour lui rendre son brillant.

Etendre des feuilles de thé humectées et ayant servi sur un tapis que l'on enroule et constater plus tard que les couleurs du tapis sont ravivées.

PLAN

1. — Soins aux meubles polis et aux meubles vernis.
2. — Le lit : nature, composition.
3. — La literie : soins variés
4. — Rideaux, tapis, chaises, fauteuils.
5. — Glaces, vitres, marbres.

RÉSUMÉ

1. — Les *meubles* doivent être préservés de l'humidité, de la chaleur et de la malpropreté. On frotte les *meubles polis* avec de *l'encaustique* et un chiffon de laine et les *meubles vernis* avec un chiffon de soie ou une peau très douce.

2. — Le *lit* en métal est plus avantageux que le lit en bois. On doit bannir les *rideaux*, préférer le crin et la laine à la plume, le *sommier élastique* à la *paillasse*. les draps de *toile* aux draps de *coton*.

3. — Il faut aérer et faire le lit tous les jours, exposer souvent la *literie* au soleil et rebattre le *matelas* au moins tous les deux ans.

4. — Les *rideaux*, les *tapis*, les *fauteuils* et les *chaises* rembourées demandent à être très souvent battus et brossés en plein air. A cet effet on emploie des *raquettes* en rotin et des *brosses* de crin très dur.

5. — On lave les *glaces* et les *vitres* avec de l'alcool étendu d'eau et additionné de blanc d'Espagne et on les essuie avec une peau de chamois. On rend le *marbre* brillant en le frottant avec un linge légèrement imbibé d'huile.

Exercices et questions d'intelligence. — Faut-il faire son lit aussitôt qu'on est levé? Comment s'y prend-t-on pour faire son lit ? Est-il indifférent de placer les draps dans un ordre quelconque ? Au bout de combien de temps faut-il les changer ? Quel est le rôle des housses qui recouvrent certains meubles durant l'été ?

115. — Entretien de la Cuisine

Matériel et expériences. — Nettoyer un couteau de table avec une brique anglaise, la monture d'une lampe avec du tripoli, une pelle à feu avec du papier d'émeri, une casserole en fonte avec des cendres, une cuiller en ruolz avec du blanc d'Espagne et une peau de chamois.

Examiner les différentes parties d'un fourneau de cuisine.

PLAN

1. — Entretien de la cuisine.
2. — Entretien du fourneau et de la batterie de cuisine.
3. — Lavage de la vaisselle, des couteaux.
4. — Nettoyage des verres, des carafes, des bouteilles.
5. — Entretien de la table, des étagères, de l'évier.

RÉSUMÉ

1. — La *cuisine* doit être vaste, bien éclairée, souvent aérée et tenue très proprement. Il faut la laver au moins une fois par semaine et tous les jours si le sol est carrelé.

2. — Le fourneau en fonte se nettoie avec de la *mine de plomb*, les objets en fer avec de la *toile d'émeri*, les ustensiles en cuivre avec du *tripoli*, les casseroles en fonte et en tôle émaillée avec des cendres et de l'eau, l'argenterie avec du *blanc d'Espagne*.

3. — On lave la vaisselle dans l'eau chaude au moyen d'une *lavette*, on la trempe vivement dans l'eau froide, on la met égoutter et on l'essuie. La lame des couteaux se trempe seule dans l'eau chaude et se polit avec la *brique anglaise*

4. — On rince les verres à l'eau froide, on nettoie les carafes avec des coquilles d'œufs et les bouteilles avec des cendres ou des cristaux de soude.

5. — On lave journellement les tables et l'évier avec de l'eau chaude et du savon, on désinfecte en outre l'évier avec du sulfate de fer ou de l'acide phénique.

Exercices et questions d'intelligence. — Comment se débarrasse-t-on des mouches qui envahissent souvent la cuisine ? Pourquoi ne faut-il laisser jamais à sec le réservoir du fourneau ? Où se placent les ustensiles de cuisine ? Pourquoi évite-t-on de prendre de l'eau bouillante pour laver la vaisselle ? En quoi peut être l'évier ? De quoi est garni le mur qui l'entoure ?

116. — Blanchissage du Linge

Matériel. — Eau froide, eau chaude ; — soufre, eau de Javel, benzine, sel d'oseille ; — cristaux de soude ; morceaux de lainage, de soie, de cotonnade de couleur, de toile ; — boules de bleu ; — lessiveuse, cendres.

Faits d'observation et expériences. — Faire constater que les taches d'œuf sont enlevées par l'eau froide et non par l'eau chaude.

Enlever une tache de fruit au moyen des vapeurs de soufre, une tache d'encre avec de l'eau de Javel, une tache de graisse avec de la benzine, une tache de rouille avec du sel d'oseille.

Montrer qu'une solution concentrée de cendres ou de cristaux détruit un morceau de lainage ou de soie, déteint la cotonnade de couleur, endommage les fibres du linge de toile.

Faire un savonnage de menus objets.

Faire du bleu et y passer le linge.

PLAN

1. — Manières de blanchir le linge : lessive et savonnage.
2. — Comment se fait la lessive : au cuveau, à la lessiveuse.
3. — Opérations qu'elle comprend : essangeage, tassage, coulage, lavage, azurage, séchage.
4. — Savonnage.
5. — Blanchissage du linge de couleur et des étoffes de lainage ou de soie.

RÉSUMÉ

1. — On blanchit le linge par la *lessive* ou le *savonnage*, après l'avoir préalablement débarrassé des taches qui peuvent s'y trouver.

2. — La *lessive* doit se faire au moins une fois par mois, soit au *cuveau* avec des cendres de bois, soit à la *lessiveuse* avec des cristaux de soude. Le premier procédé est moins rapide que le second, mais il conserve mieux le linge.

3. — Cette opération comprend l'*essangeage*, le *tassage*, le *coulage* et le *lavage*. On *azure* ensuite le linge et on le fait sécher au grand air.

4. — On blanchit encore le linge en le savonnant après l'avoir mis tremper quelques heures dans de l'eau de cristaux très chaude.

5. — Le linge de couleur et les étoffes de laine ou de soie ne se mettent pas à la lessive ; on se contente de les savonner.

Exercices et questions d'intelligence. — Quels avantages la ménagère retire-t-elle de blanchir elle-même son linge ? Quelle eau convient pour le blanchissage ? Dans la lessive au cuveau, où place-t-on les cendres ? Pourquoi verse-t-on d'abord de l'eau froide et ensuite de l'eau chaude ? Peut-on utiliser les cendres de houille pour la lessive ? Pour quel linge emploie-t-on le battoir et la brosse de chiendent ? Quel est le meilleur savon ? Faut-il faire sécher le linge dans les appartements ?

117. — Entretien du Linge

Matériel. — Fers et planche à repasser, amidon, borax ; morceau de toile ; — alcali volatil ; — camphre, naphtaline.

Faits d'observation et expériences. — Faire raccommoder et marquer du linge pendant la leçon de travail manuel.

Préparer de l'empois, amidonner une pièce de lingerie et ensuite la repasser.

Faire distinguer la trame de la chaîne d'une étoffe de lingerie.

Dégraisser un col gras au moyen d'une dissolution d'ammoniaque dans l'eau.

PLAN

1. — Raccommodage : reprise, rapiéçage, remmaillage.
2. — Empesage et repassage.
3. — Mise en place du linge propre.
4. — Soins au linge sale.
5. — Soins aux vêtements ; insecticides : camphre, naphtaline, poudre de pyrèthre.

RÉSUMÉ

1. — Après le blanchissage, le linge doit être *raccommodé* avec soin. On *reprise* les petites déchirures, on *rapièce* les grands trous, on *remmaille* les bas.

2. — On *repasse* le linge amidonné ou non au moyen de fers de différentes formes. Certaines pièces de linge, telles que les draps, les torchons, ne se repassent pas.

3. — Quand le linge est plié, on l'empile régulièrement dans une *armoire* que l'on parfume parfois avec des fleurs odoriférantes.

4. — C'est à la fois hygiénique et économique que de *changer souvent* de linge. Le linge sale doit être placé dans un *sac* ou sur un *perchoir* à l'abri des souris et de l'humidité.

5. — Le vêtement que l'on quitte doit être *brossé*, *dégraissé*, *raccommodé*, *lavé* s'il y a lieu, et placé dans la *garde-robe*. On le préserve des insectes au moyen d'un *insecticide* et par l'exposition au *grand air*.

Exercices et questions d'intelligence. — Pourquoi dit-on « qu'un point du lundi en vaut dix du jeudi » ? Comment raccommode-t-on les draps qui s'usent dans le milieu ? Comment répare-t-on les jupons qui s'effilochent, les poignets qui se détériorent ? Pourquoi ne faut-il pas repasser sur des tables trop hautes ? Que faut-il faire avant de se servir du fer chaud ? Faut-il attendre que tout le linge soit usé pour le remplacer ? Comment utilise-t-on encore le linge hors de service ? Pourquoi le linge doit-il être marqué et numéroté ? Comment soigne-t-on les vêtements qui servent journellement ?

118. — Approvisionnements

Matériel. — Pois, haricots, lentilles, riz, tapioca, semoule, macaroni, nouilles, vermicelle et autres pâtes alimentaires.

Exercices d'application. — Questions sur le prix des articles d'épicerie les plus connus.

Liste des produits de consommation qu'on peut se procurer avec une somme déterminée.

Montant de la dépense pour un menu de 3, 4, 5, 6 personnes.

PLAN

1. — Achats
   - annuels : légumes et viande à conserver, vin, beurre fondu.
   - mensuels : épicerie, pâtes, farine, féculents.
   - hebdomadaires : légumes, fruits, œufs.
   - quotidiens : pain, lait, viande, poisson.
2. — L'alimentation : carnée, végétarienne, mixte.
3. — Aliments d'origine animale
   - viande
     - rouge : bœuf, mouton, cheval.
     - blanche : veau, volaille, lapin, porc.
     - noire : gibier.
   - poissons, crustacés, mollusques, œufs, lait, fromages.
4. — Aliments d'origine végétale : pain, légumes, fruits.
5. — Le pain : qualités, parties, sortes.

RÉSUMÉ

1. — La ménagère doit savoir acheter avec économie et discernement. Les approvisionnements se font au commencement des saisons, chaque mois, chaque semaine et chaque jour.

2. — L'alimentation composée de substances *animales* et *végétales* convient seule à l'homme. Elle varie en outre avec l'état de de *santé*, l'*âge*, la *profession*, le *climat*, la *saison*.

3. — La bonne viande est ferme, élastique et mouille à peine le doigt. La *viande rouge* est très nourrissante, la *viande blanche* est légère, la *viande noire* est échauffante.

4. — Les *légumes verts* sont rafraîchissants ; les *farineux* sont aussi nourrissants que la viande. Les *fruits mûrs* sont agréables et hygiéniques.

5. — Le *pain* bien cuit et bien levé est élastique sous la pression du doigt. Le *pain bis* est plus nourrissant que le *pain blanc*, le *pain rassis* plus digestif que le *pain chaud*, la *croûte* plus nutritive et plus assimilable que la *mie*.

Exercices et questions d'intelligence. — Quels sont les inconvénients des achats au détail ? Pourquoi ne faut-il pas arriver au marché ni trop tôt ni trop tard ? Pourquoi mange-t-on plus en hiver qu'en été ? dans les pays froids que dans les pays chauds ? Comment reconnaît-on la fraîcheur de la viande ? du poisson ? de la volaille ? des œufs ? Qu'est-ce qu'une viande faisandée ?

119. — Les Conserves

Faits d'observation : Faire participer les élèves à la préparation des conserves.

Conservation des aliments pendant quelques jours. — Prescription générale : les mettre au frais.

Viande fraîche : la faire mariner dans du vinaigre ou de l'huile ; — l'entourer de glace ou de charbon.

Viande cuite : l'enrober dans la graisse ; — ébullition réitérée.

Bouillon : laisser la couche de graisse de la surface ; — le faire bouillir toutes les 24 heures.

Volailles et gibier : les placer dans un fort courant d'air.

Poisson : l'entourer de glace ou de charbon.

PLAN

1. — Principe des conserves.

2-3-4-5. Procédés.
- Dessication : graines, légumes, fruits, viande, poisson.
- Congélation : viande, poisson.
- Fumage : viande (jambon), poissons (harengs saurs.)
- Salaison : haricots, choux, beurre, viande, poisson.
- Macération : Fruits (eau-de-vie), cornichons (vinaigre).
- Cuisson : légumes, fruits, viandes dans des sauces.
- Cuisson avec sucre : compotes, confitures, gelées.
- Enrobement : viande cuite dans la graisse, le beurre.

RÉSUMÉ

1. — Pour conserver les substances alimentaires, on empêche les ferments d'exercer leur action destructive. Dans ce but, on emploie la *dessication*, la *congélation*, le *fumage*, la *salaison* et la *cuisson*.

2. — On fait *sécher* les fruits, les légumes, la viande, le poisson. On congèle et on fume la viande et le poisson. On sale les légumes verts, le beurre, la viande et le poisson.

3. — On conserve les cerises et les prunes dans de l'*eau-de-vie*, les cornichons dans du *vinaigre*, les œufs dans de l'*eau de chaux*.

4. — Par la *cuisson*, on conserve les légumes, les fruits, la viande, le poisson, le lait. On les place dans des bouteilles ou dans des boîtes en fer-blanc hermétiquement closes que l'on soumet à l'action du *bain-marie* bouillant pendant un temps variable.

5. — On conserve aussi les fruits en les faisant *cuire* avec du sucre. Les compotes, les confitures se font avec les fruits entiers et les gelées seulement avec le jus.

Exercices et questions d'intelligence. — Quels avantages retire-t-on des conserves ? Ont-elles toutefois la même valeur que les aliments frais ? Pourquoi les conserves à couvercle bombé doivent-elles être rejetées ? Pourquoi faut-il consommer tout de suite toute boîte entamée ?

120. — Notions de Cuisine

Faits d'observation. — Faire participer les élèves à la préparation des aliments.

Quelques principes. — La viande *crue* est plus digestible que la viande *cuite*; mais la cuisson détruit certains ferments et développe des arômes qui flattent le goût et l'odorat.

L'albumine se coagulant à 70° environ, on place d'abord la viande dans l'eau froide si l'on veut en dissoudre les sucs, tandis qu'on la chauffe immédiatement à 100° si on veut les lui conserver.

La *légumine* des féculents, substance albumineuse très nourrissante, se dissout lentement dans l'eau froide et se coagule très vite dans l'eau bouillante. Conséquence : les légumes verts sont mis dans l'eau bouillante, les légumes secs dans l'eau froide.

Les *sauces* sont des préparations plus ou moins liquides qui rehaussent la saveur de certains mets; elles ont souvent pour base un *roux* où entrent principalement de la farine et du beurre.

Les *ragoûts* sont des mets composés de viandes et de légumes cuits ensemble dans une sauce épicée.

PLAN

1. — Rôle de la ménagère.
2. — Soupes et potages.
3. — Cuisson des viandes.
4. — Cuisson des légumes et des œufs.
5. — Entremets et desserts.

Menu d'un Repas

	DE CÉRÉMONIE	ORDINAIRE
Potage ou	Hors d'œuvre	Soupe ou Potage
Relevé :	Poisson	Légumes
Entrée :	Civet, fricassée	Viande
Entremets :	Légumes	Salade
Rôti :	Volaille	Fromage ou Fruits
Salade :	Salade de Saison	Café
Entremets sucré :	Crème	
Dessert :	Fromage, fruits, gâteaux	
	Café	
	Liqueurs variées	

RÉSUMÉ

1. — Une vraie ménagère doit savoir préparer économiquement des mets sains, variés et appétissants. Elle saura aussi les présenter avec goût et propreté.

2. — La *soupe* est un aliment agréable et hygiénique. On distingue les soupes *maigres* et les soupes *grasses* dont la principale est le *pot-au-feu*. Le bouillon permet aussi de faire d'excellents *potages* aux pâtes, au tapioca, au riz.

3. — Les *viandes* sont rôties, bouillies, cuites à l'étuvée ou en ragoût. Les viandes rôties ou cuites à l'étuvée sont les plus nourrissantes et les plus digestibles.

4. — Les *légumes* se mangent frits, en purée, en salades ou préparés avec une sauce; ils accompagnent aussi la viande et parfois les œufs. On mange les *œufs* à la coque, sur le plat, en omelettes.

5. — Comme *entremets* ou comme *desserts*, la ménagère peut préparer des œufs au lait ou à la neige, des crèmes, des beignets, des crêpes, des compotes, des gâteaux et des tartes.

Exercices et questions d'intelligence. — Comment éteint-on le feu qui prend dans la poêle à frire ? Pourquoi corrige-t-on avec une pincée de cristaux les eaux calcaires destinées à la cuisson des légumes ? Pourquoi décortique-t-on parfois les féculents avant de les faire cuire ? Pourquoi l'eau de cuisson des légumes secs peut-elle servir à préparer des potages ? Comment peut-on utiliser les restes de pain ? les restes de viande ?

121. — Soins aux Malades

Composition d'une pharmacie domestique. — Mousseline pour cataplasmes, ouate hydrophile, sinapismes, taffetas d'Angleterre ; teinture d'iode, teinture d'arnica, eau blanche, eau sédative, alcool camphré, ammoniaque, glycérine, vaseline boriquée, farine de lin, farine de moutarde, acide phénique, acide borique, perchlorure de fer, laudanum ; émétique, eau de mélisse, alcool de menthe, éther.

Plantes médicinales. — Séchées à l'ombre et conservées dans des sacs étiquetés, on en fait des infusions, des décoctions, des macérations, que l'on emploie comme tisanes, comme cataplasmes ou comme lotions. On distingue les plantes :
apéritives : chicorée sauvage, gentiane, houblon, pensée sauvage.
digestives : camomille, sauge, menthe, mélisse.
pectorales : bourrache, pas d'âne, bouillon blanc, violette, lierre terrestre.
dépuratives : pissenlit, chicorée sauvage, patience, bardane.
sudorifiques : tilleul, bourrache, bouillon blanc, sureau, reine des prés.
calmantes : tilleul, oranger, primevère, coquelicot.
émollientes : mauve, guimauve, violette.

PLAN

1. — Chambre du malade.
2. — Soins au malade.
3. — Rôle de la garde malade.
4. — Maladies contagieuses.
5. — Pharmacie domestique et plantes médicinales.

RÉSUMÉ

1. — La *chambre* du malade doit être très propre, bien ensoleillée souvent aérée et de température douce et invariable. On supprimera les rideaux et les meubles inutiles et le plus grand silence y régnera constamment.
2. — Il faut faire chaque jour la *toilette* du malade et le changer de linge le plus souvent possible. On évitera toute imprudence, les *rechutes* étant parfois plus graves que la maladie elle-même.
3. — La *garde-malade* doit suivre très ponctuellement les prescriptions du *médecin* et rester toujours calme et souriante. Il est bon qu'elle sache préparer les *tisanes*, faire les *frictions*, poser les *vésicatoires*, préparer et appliquer les *compresses*, les *cataplasmes*, les *ventouses*, les *sinapismes*.
4. — En cas de *maladie contagieuse*, la garde-malade fera usage des désinfectants et portera une robe facile à mettre et à enlever. Les linges utilisés par le malade seront passés à l'*eau bouillante* avant d'être soumis au blanchissage.
5. — A la campagne, il est bon d'avoir toujours chez soi les *médicaments* les plus indispensables, soigneusement étiquetés et hors de la portée des enfants. On recueillera aussi chaque année les *plantes médicinales* de la localité.

Exercices et questions d'intelligence. — Le moral du malade n'a-t-il pas une très grande influence sur la marche de la maladie ? Pourquoi ne faut-il pas chuchoter dans la chambre d'un malade ?

122. — La Puériculture

Quelques principes. — Le lait animal est moins digestible et moins sucré que le lait humain ; le lait d'ânesse est le meilleur.

L'enfant qui reçoit trop tôt une nourriture solide résiste mal à la crise de dentition ; il est exposé au rachitisme.

Tout ce qui concerne l'enfant doit toujours être tenu très proprement : son corps, son biberon, ses langes, ses vêtements, son lit ; faire usage d'eau bouillie pour les lavages.

Pas de toile cirée, mais un molleton lavable pour préserver la paillasse de l'humidité ; pas de couvertures lourdes, mais de chauds lainages.

Ne placer le berceau ni en plein soleil, ni à contre-jour, mais à la lumière directe.

Les soins aux enfants doivent être constants et très réguliers.

PLAN

1. — Le meilleur allaitement.
2. — L'allaitement au biberon ; propreté méticuleuse.
3. — Toilette de l'enfant.
4. — Le maillot et le berceau.
5. — Repos et sorties de l'enfant.

RÉSUMÉ

1. — La nourriture de l'enfant doit être exclusivement du lait auquel on ajoute des soupes légères à partir du 10e mois. *L'allaitement maternel* est préférable à *l'allaitement mercenaire* et à *l'allaitement artificiel.*

2. — Le lait employé dans l'allaitement ne doit être pur qu'au 4e mois. Il faut en outre le *stériliser* et le servir dans des bouteilles munies de *tétines*. On peut *sevrer* l'enfant à partir d'un an quand le travail de dentition est bien commencé.

3 — L'enfant doit être lavé à l'eau tiède tous les matins et dans la journée chaque fois qu'il est mouillé. A partir du 2e mois, on lui fait prendre régulièrement des *bains froids* et on le fait *vacciner* vers le 3e mois.

4. — L'enfant est mis dans un *maillot* qui lui laisse la liberté de ses mouvements. Le *berceau* le plus facile à nettoyer est le meilleur ; les rideaux dont on le garnit doivent disparaître le plus tôt possible.

5. — Il faut coucher l'enfant de bonne heure et le laisser dormir sans le bercer. Quelques semaines après la naissance, on le fera sortir tous les jours. Il apprendra seul à marcher.

Exercices et questions d'intelligence. — Expliquer le proverbe : « Enfant trop tôt nourri, bel enfant jusqu'aux dents. » Est-il bon de peser le jeune enfant régulièrement ? Pourquoi faut-il coucher l'enfant sur le côté ? Une mère agit-elle prudemment en faisant coucher son enfant avec elle ? — Pourquoi les enfants que l'on fait marcher trop tôt ont-ils les jambes en manches de veste ?

www.ingramcontent.com/pod-product-compliance
Ingram Content Group UK Ltd.
Pitfield, Milton Keynes, MK11 3LW, UK
UKHW012225240726
13966UKWH00003B/961

9 782011 947178